改變人生的勇氣

被排擠、上司無理、婆媳糾葛，
88道最棘手的生活難題，阿德勒會怎麼做？

人生を変える勇気：
踏み出せない時のアドラー心理学

岸見一郎——著
Kishimi Ichiro
黃美蓉——譯

前言

你喜歡自己嗎？

無法喜歡自己的人

每當人們被問到：「你喜歡自己嗎？」似乎多數人都會回答：「不喜歡。」而且認為別人也不喜歡自己。我很少遇到能毫無顧忌說出「喜歡自己」的人。而在認為不喜歡自己的人們當中，有些人表示，是因為家中貧困的緣故；有些人則說，是因為在成長過程中受到父母的殘酷對待造成；也有人會說，是因為對自己的外貌感到自卑，所以無法與他人建立良好的人際關係、活得很痛苦。

回應的理由，各式各樣。的確，那些理由對於人生一定會造成了某些影響。但值得注意的是，即便是擁有相同經歷的人，卻不會有相同的養成教育。

為什麼會理所當然地認為，要將現在懷抱的問題歸咎過去的經驗，或是天生所致呢？因為現實當中，存在著支持這種想法的心理學及精神醫學。或許是因為被說「這不能怪你」，所以可以安心地將無法建立良好人際關係、或活得很痛苦的狀況，歸咎到不是自己的責任。但是，這種想法解決不了目前所面對的問題。

無法喜歡自己的人，實際上是認為不可以喜歡自己。當然，這種帶點前後矛盾的說法，絕對會被強烈反駁說沒有這回事。但是，為了找出突破問題的切口，你必須跳脫一般常識性的看法。

原因存在過去的經驗嗎？

即使目前面對的問題存在過去的某個經驗中，也無法搭乘時光機回到當初的時間點，進而改正人生。只要無法回到過去，那麼被歸責於過去的現有問題，就會變成絕對無法解決的事情。

想要將現有問題的原因歸責於過去經驗的人，若是原因不存在過去，則會感到困擾。只要將原因歸責於過去的經驗，就可以模糊是自己選擇了現在的責任，不用對現在的問題做出任何的解決方法。

問題存在於社會嗎？

有些人提出，是現在社會的問題。例如：無法就業或無法結婚這一類。

想要迴避自己面對的課題，就需要一些理由。事實上雖然不需要理由，但是就像小孩子不想上學，就會說肚子痛或頭痛一樣。只要有理由，不管是自己的理由或是來自周遭的人，就可以獲得理解。但是若沒有理由，就會被譴責是不工作所造成的。

希望將自己無法工作的理由，盡可能地歸咎於難以解決的事情。因此，就將原因歸結於社會問題。不論我說什麼，訴求現實困境的人，都會反駁那是理想論、不瞭解現實。

奧地利精神科學醫生阿爾弗雷德·阿德勒（Alfred Adler，西元1870—1937年）將提出理由、並逃避自身應該致力面對的課題之行為，稱為**自卑情結**（Inferiority Complex）。為了製造出逃避課題的理由，而提出不論自己或他人，只要是基於理由，都能被認同是無可奈何。例如，前文提到的過去經驗、現實困境，以及進一步的精神疾病等，都可以被當作理由。

目的論涵蓋著原因論

進一步而言，也有人認為目前活得很痛苦、無法得到幸福的原因，是無法就業等的現實困境所造成。因為無法就業的話，就沒有收入，這樣的說法看似有道理。

但是，就算無法就業，還是可以工作，或許聽起來像是極端言論，可是沒有收入並不代表無法得到幸福。即便有收入，也是有很多人甚至因為有收入，才會過著悲慘的人生。關於結婚也是相同的道理，不是沒有結婚就無法得到幸福。即使結婚了，也有很多人經歷離婚或是婚姻不幸福的狀況。

將生活痛苦度或是無法得到幸福，歸咎於過去的經驗、現今的社會狀況等想法（稱為「原因論」），有其「目的」存在。若是依此思考，即可瞭解目的論涵蓋著「原因論」。如此一來，只要將目前問題的原因訴求於某些緣由，則原本明明必須自己負起責任尋求改善生活的方法，實際上卻是即使能改善，也不試著努力積極地解決自己的課題。

即使探尋原因也沒有意義

當牙齒開始疼痛時，初期會先服用成藥試著壓制疼痛感，非得等到真的無法忍受時，才會接受牙醫的診療。而診療時被醫生指出牙痛的原因是，「沒有確實刷牙」，被指責疏忽的感受，相信沒有一位病人會滿意吧？或許是因為自己也很清楚原因，所以才想要反駁。

我慣常約診的醫生，則是絕對不會明確指出病因。因為醫生很清楚，就算跟病人說明病痛的原因，也沒有意義。比起知道原因，病人應該更希望得到醫師的治療，例如：給予處方藥或是磨掉受損的牙齒等治療方式，讓他們可以儘快從痛苦中獲得解脫。

當然，不同於將目前的生存困境歸咎於某些原因，就牙痛的情況而言，為了預防蛀牙就必須好好刷牙，當出現蛀牙的狀況時，就能明確地將原因歸咎到沒有確實刷牙，這是很容易找出因果關係的狀況。即便如此，也有人沒有確實刷牙卻不會蛀牙，因此也無法斷言其必然存在著因果關係。不管怎樣，在治療蛀牙的節骨眼上，即使向病人指出沒有確實刷牙，也莫可奈何吧！

在諮商方面也是如此，如果諮商師僅是詳細探詢過往的成長歷程就結束諮商工作，受輔者必定不會滿足。或許有些諮商師會將目前的問題，歸結於某些事件，或是受到父母教育的影響。或許有些諮商師連這部分都不會做，始終只是單純地聽受輔者說話。

但也說不定，或許有些人會覺得「即使只是聽我說話都好」，有些人則是聽到諮商師說「不是你的錯」，或「你可以將責任推給別人」，就會覺得非常滿意。

雖然接受此種諮商的人，會滿足於在諮商師面前述說自己的怨言行為，但不論在接受諮商之前或之後，人生卻沒有任何改變。反而強化了將目前的生活困境、認為自己沒有錯的原因，歸責於過去的那個這個事件，或是目前的社會問題。

今後該怎麼辦？

如果是我就會問：「今後你想怎麼做？」面對有婆媳問題困擾的人，不該請她述說長年累積的怨懟，假如想要與婆婆建立良好的關係（或許會這樣問的人並不多……），或是想要減低對於婆婆的不愉快記憶，為了讓她達到那樣的生活，我會將今後如何與婆婆相處才能平穩地度過人生，以及該怎麼做才不會痛苦等一併思考，積極地提供建議。

對於接受諮商的人們來說，不將責任歸咎於過去或是別人的行為，是相當困難的事情。因為這樣等於是自己要承受責任。因此，聽過我演講的人們，有人曾產生「雖然覺得演講的內容很好，但回家之後卻感到生氣」的想法。我不得不說，假如你認為是「好內容」，根本完全沒有理解我的說法。

關注於可以改變的事情吧！

將目前面對的問題，歸咎於事到如今已經無法改變過去，或是無法改變現今所處的狀況，這樣的行為本身有其「目的」存在。會說出這種話的人，根本不打算改變，為了不改變現狀，才會提出這樣的原因。

不要關心無法改變的事情，重點是關注可以改變的狀況。那就是人際關係。阿德勒表示，**「所有的煩惱都是人際關係的煩惱」**。阿德勒認為，**精神病也不是心理問題，而是人際關係的問題**。至於人際關係方面也是，不要只想著現今的狀況，而是努力改善今後的人際關係。

這樣的人際關係不僅僅是煩惱的源頭。只要是與人相關的事物，不論何種型態，都會產生摩擦。雖然很多人會避開人際關係，但不論是生活的喜悅及幸福，都無法離開它。如何處理這樣的人際關係，也就成為解決煩惱的切口。

本書與前一本拙著《困擾時的個體心理學》（困った時のアドラー心理），同樣是以阿德勒創立的「個體心理學」（Individualpsychologie, individual psy-chology）為立論基礎，嘗試回應與人際關係相關的各種煩惱疑問。

阿德勒曾說過下述言論。

「當看法錯誤時，心理學幾乎無法發揮作用。」（《兒童教育》）

如果是我則會換成，「完全無法發揮作用」。當你瞭解阿德勒之後，便開始思考到底為什麼我至今都不知道這種事情。雖然這是一種新的看法，但與其說連想都沒想過，不如說這是深入內心的感受，而湧現出一股想要改變人生的勇氣。

若能藉由本書中舉出的許多問題，讓人學習如何解決問題，我會深感榮幸。相信各位也可藉此逐步地領會到阿德勒心理學的要點。

本書結構

本書第一部「喜歡自己的勇氣」，收錄許多無法喜歡自己的男女老少，我試著以個體心理學的角度，回答各式各樣的煩惱。

第二部「青少年的煩悶」以及第三部「壯年的挑戰、老年的惶恐」，則是如同追求人的成長、發達階段，針對人生青年時期到老年期間展開話題。

銀髮族的問題並非與青年讀者毫不相關。假如您是年輕讀者，應該也可以藉由本書瞭解雙親或是長官的心理。相反地，如果您是年紀稍長的讀者，本書也可以幫助您理解孩子或是下屬的心情。

本書列舉的八十八個煩惱，不論是哪一個，都會與您有關。

不善溝通、在人際關係上遭遇的各種煩惱、苦悶、作嘔、嘮叨、焦躁……如果是阿德勒的話，他會怎麼思考呢？希望本書有幸能引領您，而不是讓您感到絕望，培養「一定有辦法」、「可以改變不成材的自己」的思考，並進一步成為採取行動的啟蒙。

岸見一郎　　二〇一六年五月

目錄

第三章　人際關係的流言蜚語

第II部 青少年的煩悶

第四章 讀書、就業的自信不足

第五章 職場的焦燥不安

第III部 壯年的挑戰、老年的惶恐

第七章 結婚的戰戰兢兢

第八章 育兒的吵吵鬧鬧

第 I 部

喜歡自己的勇氣

對於自己的裹足不前

沒有自信

問題1

我對自己沒有信心。總是擔心別人怎麼看自己，沒辦法說出真心話。當朋友邀約出去玩時，雖然想要自己一個人待在家，但卻無法拒絕。像我這樣的個性，該怎麼辦呢？

——（十歲世代，男性）

為了不要說真心話而沒有自信

你並不是沒自信、擔心別人怎麼看自己，所以無法說出真心話。而是以「沒自信、擔心別人怎麼看自己」為理由，然後「不說出真心話」。

只要有一位可以說真心話的朋友就好，你不需要對所有的人說真心話。而且，根本就不可能對所有的人說真心話。

儘管如此，你卻以「必須對所有的人說真心話」為不可能的目標，再以難以達到的理由來逃避人際關係。

所謂「真心」的意義，並非是指自己真正會思考的事物。例如：被邀請去某個地方，你可以婉拒對方；若是被要求針對某事物發表個人意見這類的事，反而更應該明白地說出自己的想法。

在大多數情況下，被邀請出遊，要不要去，幾乎不需要經過深思熟慮即可回應。如果不想去，只能回答「不想去」。**即使多麼擔心回答「不想去」會被討厭，但那都是對方的事情，你只要決定自己要不要去就好**。發表自己的意見，也是相同的情況。至於別人如何評論，以及怎麼看待發表意見的你，都不是你的課題。

雖然不說任何話就不會引起風波及摩擦，但如果什麼都不說，就長期而言，對人際關係並不好。因為讓人摸不著頭緒的人會令人害怕，並漸漸地避而遠之。

在眾人面前就會緊張

問題2

我在眾人面前就會緊張，因為提心吊膽而無法順暢地發言。我該怎麼辦呢？

——（20歲世代，男性）

試著說出「我很緊張」

你在眾人面前說話會緊張，其來有自。第一點是，你無法順暢說話時，就把這個狀況當作藉口。總之，你想要表達的就是，如果我當時不緊張的話，就可以暢所欲言，因為我緊張了所以沒有辦法好好的說話。但是，即使當時的你很放鬆，或許也無法順暢的表達。

還有一點是，你無法信任聽你說話的人。就算有人因為緊張而無法順暢說話，也不會因此被認為是笨蛋、被恥笑。即使真的有那種人存在，也是少數，而且也不用在意那樣的人。你應該不會恥笑緊張而無法好好說話的人吧？或是認為他是笨蛋吧？我們不該譴責他，反而更應該給予鼓勵，絕對不是恥笑。

所以，即使你無法在眾人面前順暢說話，也應該相信別人不會覺得你是笨蛋。如果你還是會緊張的話，就不要刻意隱藏，建議你可以試著說出：「我現在很緊張。」**現實狀況就是，無法順暢發言。當這樣的現實狀況與應該要順暢發言，或是想要順暢發言的理想愈加偏離時，愈發提高緊張感**。當你緊張時，只要一開始就說出「我很緊張」，情緒就能得到放鬆。

更進一步地說，我們並非不能感到緊張。有時，過度緊張、適度的緊張，反而可以發揮優於平常的力量。

依賴占卜

問題3

我經常會發生明明必須決定某些事物，卻遲遲無法下決定的狀況。當我出現那種狀況時，不知不覺就會依賴占卜。

——（20歲世代，女性）

做決定，也是一種趣味

確實，決定是一門困難的課題。即使決定本身並不困難，但是必須承擔決定的責任，因此會出現猶豫的情況。無法做出決定的時候，妳該怎麼辦呢？

妳可以做的有兩點。

第一點是煩惱。煩惱有其目的存在，為了不要做出決定。一旦停止煩惱就必須做出決定，因此讓自己不論如何一直煩惱著。許多人在諮商的過程中，就算被提供了某些建議，也會遲疑於執行。這時諮商師會詢問遲疑的受輔者，何時會做決定。

「今天會做嗎？還是一週後呢？一個月後嗎？」

如果持續長時間的考慮，並不會讓人實際去執行。今天不會做的人，即使是一個月之後也不會做。**如果要做決定，不要拖延，現在、在這裡就做出決定**。

第二點是依賴占卜。因為無法下決定，或是想逃避伴隨決策而必須承擔的責任，所以自己不做決定，以占卜結果為決策。明明是自己的人生，卻不自己做主，反而依賴占卜來決定人生的重要大事，我對於這樣的行為無法理解。

依賴占卜就是模糊自己的責任。可以因為占卜而接受即使今後變得不幸決定的人，說起來就是明明是自己的人生，結果過著卻是別人的人生。

我年輕的時候，曾經有人力勸我改名。據說，不改名的話就會遭遇不幸。當然，我沒有遵從那個勸告。如果那個人知道我後來生了場大病，或許會認為是因為我沒有改名的緣故。在原本沒有因果關係的事物中找出因果關係的行為，阿德勒稱之為「表面上的因果關係」。將自己不幸的原因（就剛才改名的例子而言，是「他人的不幸」）歸責到某個行為，在另一方面，卻不是尋找幸福的方法。因此，巧妙地理解、接受不幸的狀況，並非不可思議。

關於占卜，前提就是未來已經注定。只要知道接下來會發生什麼，就不需要浪費無謂的努力去達成目標。像是注定會落榜的考試，就不需要念書。

但是，如果未來已經注定，人生不就顯得乏味？例如：觀看足球體育賽事，不是看現場直播，而是等比賽結束後再看重播，即使試著心跳加速、手心冒汗為球賽加油，仍不會像現場轉播那般地興奮。如果是在知道比賽結果的情況下看重播，則更加不會興奮。

人生不可以像那樣已經決定了結果。假設已經決定了，則生存的樂趣就會漸漸地減少。**即使遭遇了痛苦事件，正因為不知道接下來會發生什麼事，而未來的人生是可以改變的，所以才有生存的價值。**就算，人生不一定完全照著自己所預想的發生。

不論做什麼都會後悔

問題4

不論我做什麼事，都會後悔。以前我對很多事情感到迷惘，經常錯失了機會。因此，為了避免相同的事情一再發生，我下了一個重大的決心，就是不要猶豫、當下決定。但結果卻是，我變得更常後悔。我該怎麼辦呢？

——（30歲世代、女性）

反正必須決定，那就「現在」決定吧

這位女性與相信「占卜」的那位，有許多的共通點。以往會經常感到迷惘的理由，就是不想做主。只要迷惘，就不做決定，這樣也就不用承擔因為做決定而產生的責任了。

但是，妳遲早都必須做出決定。如果瞭解不做決定與迷惘之間的關係，反正早晚都必須做出決定的話，妳就知道即使是「現在」決定也好。

當然，要做出決策，的確有很多必須深思熟慮的點，確實有許多事情無法立即決定，但是，如果到了最後仍然必須決定，就沒有理由無法早點下定決心。

這裡的問題是，迷惘只是藉口，所以當迷惘漸漸地減少時，就變成了後悔。雖然也想要大叫「到底我該怎麼辦」，但**只要先想好不論做什麼決定一定都會後悔，就可以避開決定前的迷惘期，也可以接受決定後的後悔**。

更進一步地說，雖然有點前後矛盾，但是出現兩種選擇時，也可以選擇一定會後悔的方案。雖然不論哪種決定都會後悔，但用這種方式選擇所產生的後悔，是早就預期的，因此就不需要煩惱，只要在決策後冷靜地思考，即可以找出支持決策的理由。

無法從協助別人中得到滿足

問題5

我的工作是諮商師。每當看到受輔者因為自己的關係，而能提起勇氣向前邁進，就會覺得工作很有價值。感受到像是：做得真好、對方很高興唷等等的充實感。雖然理應如此，但是當我自問：「你幸福嗎？」自己卻無法毫無顧忌地回答：「我很幸福。」

——（30歲世代，男性）

還是認同渴望

我很訝異於很多人想要從事諮商相關的工作。講實在話，聽別人說話絕對不是一件輕鬆事。不是只有聽而已，還必須做出明確的建議，有別於與朋友談笑，長期下來可是會神經衰弱的。

我以前工作的醫院，經常面試年輕的諮商師。很可惜的是，大多數的年輕人都沒有足夠的知識與經驗，幾乎無法被錄取。不過，每個人一開始都是沒有經驗的，如果以知識與經驗不足為理由，而不錄取年輕人的話，他們甚至連學習諮商的地方都沒有，醫院也難以培養後進人才。

問題點在於年輕人學習諮商的動機。我長期在護士學校及大學授課，有時會詢問學生為什麼想要當護士。我深感興趣的是，明明還有很多選擇，為何想從事攸關性命的工作。

有一位學生回答如下。「因為想聽到病人在離開醫院時，對我們說聲：『謝謝。』」我很驚訝聽到這樣的回答。

為什麼會這麼說呢？即使想要聽到「謝謝」而到醫院工作，但並不知道會被分配到哪個部門。如果被分配到加護病房或是手術室，情況會變得如何呢？在那些部門，多數的病人都失去意識，所以你無法聽到期待的感謝。在我的經驗中，只要被送到手術室，當聽到麻醉科醫生說出「確保動脈導管」的下一瞬間，病患就會失去意識。

在這樣的狀況下，期待聽到「謝謝」而成為護士的人，因為自己的貢獻無法得到肯定，會逐漸地失去工作的熱情。事實上，我經常聽到那些部門的護士傳來辭職的訊息。

如果看到自己照顧的病患逐漸好轉，應該就可以獲得相對的成就感，因此，希望患者感謝照顧他們的想法是多餘的。事實上，期待感謝的人只是關心自己的感受，而不是關心病患。

醫療相關人員所需要具備的，不是得到病患感謝的認同渴望，而是想要醫治這個人、必須要治好對方的心情。這遠遠不同於自我滿足。

在諮商方面，也是相同的情況。如果滿足於受輔者高興的那種充實感，則只是關心自己。雖然受輔者高興，自己也會很開心，但諮商並不是為了讓受輔者高興而工作。諮商師的工作是協助病患自行解決問題，一旦受輔者具備解決問題的能力，諮商師就會獲得成就感。不需要受輔者專程來感謝。

你是希望藉由受輔者說出「託醫生之福，我好轉許多」，來認同自己的能力。但是，會說出這種話的受輔者，是依賴著諮商師的；而需要來自受輔者的感謝、總之就是必須得到認同才能認可自我存在價值的諮商師，也是依賴著受輔者的。

阿德勒表示，**「不能置身於依賴病患及沒有責任的立場」**。現在，問題在於「依賴」，也就是說不能期待受輔者說「謝謝」。甚至讓他們忘記曾經接受過諮商都好。

雖是順道一提，阿德勒在此說的「無責任」，是指治療者對病患、受輔者說：「這不是你的錯。」以及病患或受輔者覺得自己沒有責任的狀況。在多數的情況之下，當治療者說出這樣的話，因為受輔者會認為治療者原諒自己的罪過，並將其視為救世主，結果反而是幫倒忙，讓受輔者不認為是自己的責任，而是更要致力於改善自己。

與朋友間的進退兩難

不知如何與人互動、如何保持距離

問題6

我不知道如何與人互動。距離可以靠到多近呢？因為我不想被認為是死皮賴臉、過分親暱的人。

另一方面，當沒有人邀請我時，我就會往壞處想。但也認為總不能都是自己單方面一昧邀請。很羨慕朋友很多的人，我實在很討厭這樣的自己。

——（20歲世代，女性）

不要介入別人的課題

只要不一腳踏入別人的課題，就不會被認為是死皮賴臉、過分親暱。總之，關於對方必須做決定，或是只有對方可以做決定的事情，只要對方沒有請求協助，就不需要提出想法。

明明沒有被要求卻提意見的人，往往會認為自己的想法是唯一正解，因此，甚至無法容許對方反駁。別人當然會戒備那種介入別人課題、強迫他人接受自己想法的人，因此，這種人就會失去朋友。

雖然我在接受朋友關係的諮商時，總是重複著，**朋友不需要太多。只要有一位可以真心相挺的人即可**。如果是真心相挺的人，就不用擔心單方面一味邀請對方會怎麼想之類的，而能放心的來往。

沒有被邀請也不用往壞處想，即使是不太熟識的人，只管開口就好。雖然有時也會被婉拒，但不代表拒絕你的人討厭你。你只要很單純地等下次另有機會時，再出聲邀請一起玩樂即可。

如果不管邀請多少次總是被拒絕，有時也必須思考是不是自己這方面有些問題。如果被認為是在一起也不開心的類型，對方就算沒有其他既定的邀約，也會提出拒絕。

同學會成為憂鬱的原因

問題7

即使進入社會，我仍然會參加高中同學定期舉行的同學會。因為我讀的是名校，所以畢業後大家各自進入優良企業，在公司也很活躍。雖然覺得大家已經注意到我的薪水是最低的，但我卻忍不住裝模作樣，還說謊自己很受到公司的器重。

每天回到家，我都會陷入自我厭惡、失落於與同事間的「差異」，或是心情低潮。雖然女朋友建議：「如果去同學會會變成那種，就別去了。」但是要切斷難得的友誼，我的內心就湧起一陣落寞，而且害怕若自己缺席了，不知道別人會在背後說我什麼。所以，不知不覺還是繼續參加。我很討厭這樣的自己。

——（30歲世代，男性）

即使你不去，也不會有人在意

如果去同學會的結果會讓人如此沮喪的話，我認為不去比較好。朋友不一定要是高中同學，而且我多次強調過，真正貼心的親朋好友只要一人就已足夠。因此，沒必要為了維持朋友關係而去參加同學會。

而且不可能發生「不知不覺」參加同學會這種事，你應該每年都下了重大決心。明明是這種情況，卻說是「不知不覺」參加，我覺得理由在於，你想要說明由於這是每年例行的事務，因此在參加前應該就知道參加後會變成什麼狀況，但卻完全沒料到之後會感到失落、低潮。

如果「每次」的同學會都感到失落的話，我只能認為你是為了要感到失落而參加同學會。會拿自己與同學比較而覺得失落的行為，是為了證明自己沒價值、討厭自己。

只要認為自己沒有價值，就不會想積極參與人際關係。為了證明該決心，因而利用相對安全的同學會。因為陷入自我厭惡的狀態，所以去參加同學會這樣的行為，也真的是做了一件麻煩事。

在此，也可以關注「害怕自己缺席，不知道別人會在背後說我什麼」這一點。你很在意別人怎麼想，而且感到無能為力吧？很可惜的是，就算你不去，也沒有人會把你當作話題討論。

我有很長一段時間沒有參加同學會了（雖然沒有什麼特別的理由）。近幾年則試著去，多數時候的同學會，都是默念前一年去世的朋友，而我已經是這樣的年紀了。也有許多時候，是到現場才知道朋友的死訊。但是就算知道在學生時代親近友人的死訊，然後感到錯愕，大家在默禱過後，也沒有成為什麼話題。

儘管如此，並不是說大家對朋友的死訊無感。而是即使只有一個人想起自己，那就足夠了。

如何與訴說悲慘經驗的朋友相處

問題8

我有位朋友每次碰面就會不斷說著悲慘的經驗。即使提供積極的建議，他也會說：「反正像我這樣的……」完全不聽勸導。弄到最後，還會企圖拉我下水，「我們一起去參加潛能激勵課程吧！」我真的很困擾。

——（20歲世代，女性）

一開始就不要聽他說話

有些人藉由向旁人述說自己如何痛苦，希望得到注意及支持。只要是讓人不得不傾聽的事宜，不論「悲慘經歷」是什麼都好。如果對方不聽，就攻擊他。

如果漫不經心地對訴說悲慘經驗的人，表達出「我瞭解你說的情況」這類的同理心，就會被反駁「你不可能理解」。雖然明知會被反駁，還不如不說。實際上，那位朋友打從一開始，就沒有想藉由傷療而得到任何建議。

如果你不想要聽那位朋友訴苦，只能明白地表示「我不想聽那些話」。如果你對課程或是宗教聚會的邀約，都沒有興趣，就斬釘截鐵地拒絕吧！沒時間或是很忙等理由，都會被進一步邀約成那麼何時方便呢，因此不用多說任何理由，直接拒絕。如果被問：「為什麼呢？」只要回答「沒有為什麼」就好。只要今後不打算和那位朋友繼續來往，即使因為這樣的回應而被討厭，也不會引起任何困擾。

至於拒絕不要說任何理由比較好的原因是，說了理由反而會讓對方有所期待。不說理由，雖然會被問「為什麼」，但可以將話題方向轉到，「我不想再繼續這個話題。」

但是有時反而不要斷然拒絕比較好。這是指當你拒絕對方，會產生致命的危險。如果是工作或交友關係方面，即使拒絕而關係惡化，也不會有太大的問題，但親子關係則有別於其他的人際關係，不是可以從今以後就不要往來，所以關係惡化之後，會產生許多的困擾。因此，不管發生什麼事，比較聰明的做法是不要拒絕。

與某位朋友關係不融洽

問題9

我跟某位朋友的關係不佳，連我們共同的朋友都連帶受到影響，因此我對此感到恐懼。

——（20歲世代，女性）

如果是真正的朋友，不會離開

假設那位朋友是A小姐。妳和A小姐與妳們的共同朋友（B小姐），彼此毫無關聯。即使妳和A小姐關係不好，也不一定會影響到B小姐。至於B小姐如何看待妳與A小姐，這是B小姐的課題，妳沒有介入的能力。只要B小姐是妳真正的朋友，就算妳與A小姐的關係改變了，也不會疏遠妳！

疏離已婚的朋友

問題10

我的心中有優先於結婚的事項，所以至今未婚，也不後悔做了這個決定，但是隨著年齡增長，身邊已婚的朋友愈來愈多，甚至有小孩的朋友也漸漸增加，結果能夠約出來碰面的朋友越來越少了。現在，每當想到親近的朋友不知何時也會離開，就會覺得寂寞難耐。

——（30歲世代，女性）

無法碰面友誼就成為泡影，這不是真正的朋友

當狀況改變之後，當然無法像過往一樣。如果已婚的話，以前工作有空檔就可以見面的朋友，結婚之後自然以另一半優先，生孩子之後，都會以孩子優先。

但是，不是只有妳會因為無法跟從前一樣見面而感到遺憾、感到寂寞。結婚後、有了孩子，就再也無法像以往般自由外出的朋友，也會因為無法和妳見面而感到遺憾，這點無庸置疑。如果僅因為結婚而無法見面，就成為泡影的友誼，就代表著原本也就只是那樣的關係而已。

曾經是好友

問題11

最近我跟曾經是好友的關係變得不佳。以前我感到困擾的時候，她都會聽我說話、給予建議，託她的福我才得以脫離痛苦。但是，我從別的朋友那裡得知，她在背後說我壞話，所以我無法再像從前一樣和她輕鬆相處。我該怎麼辦才好呢？

——（30歲世代，女性）

友誼並非恆久不變

實際上，妳並不知道妳的朋友是否真的在背後說妳壞話。或許只是謠言。如果妳想要繼續這段友誼關係，可以直接問她是否真的說過那些話。如果妳被別人謠傳妳說朋友的壞話，妳應該也會覺得很討厭吧！或許只是謠言，卻被單方面怪罪為「說別人壞話的人最差勁」，妳也不想被這樣對待吧！妳應該要找出事情的真相。

當然，也有一種選擇是不追究。如果對朋友寄予最大的信任、相信她不會做出那種事情，即使聽到朋友說壞話的謠言，應該也不會相信。

當妳以這種方式思考時，即使聽到不實的謠言，而影響了兩人關係，也不會出現無法和從前般輕鬆相處的狀況。恐怕**早在妳聽到那些話語之前，妳對那位朋友的感覺早就已經出現變化**。如果不是這樣的話，應該不會出現相信朋友說壞話，因而產生動搖的情況。

總之，妳也要知道，**友誼並非恆久不變**。過去曾經幫助過自己的朋友，現在卻變成難以相處的人，這是理所當然會發生的事情。曾經受到朋友的幫忙是事實，但那已經是過去，沒有必要延續至今。

無法原諒的朋友

問題12

我因為朋友的事情很困擾。雖然她是好人，但有時會出現對金錢不在意、遲到、爽約等狀況，我因此焦躁不安。儘管如此，她依舊是個好人，如果可以的話，今後我也想與她維持良好的友誼關係。因此，我想與其特意要求她而被討厭，不如視而不見比較好。但是我也無法否認，我心中仍有無法諒解的情緒。

——（10歲世代，女性）

清楚地主張

不管對方再怎麼好，也沒必要因為跟這種對金錢不在意、遲到的人來往，而覺得困擾。

如果真的還想跟她保持關係的話，就不可以將對方的問題視而不見。不管是金錢問題或是遲到問題，都應該清楚明白地指出。正因為是朋友，才可以明確地指出問題，如果覺得困擾卻必須容忍的關係，我認為儘早切斷友誼比較好。如果是真正的朋友，即使指出問題，也不會因此而讓關係惡化。

傳達「困擾」

雖然遲到、爽約，確實是那個人的課題，但是對於赴約的妳來說，也是個困擾，所以可以視為妳們之間的共同課題。妳要開口表明希望與她針對遲到、爽約進行討論，而且必須清楚地說明，希望不要再發生。當對方遲到或是爽約，有時會妨礙到其他的預定行程，不僅只是無法碰面而已，假如無法與那位朋友見到面，可能還會影響其他安排好的行程。如果是真正的朋友，不會因為對方抱怨，而造成友誼破裂。

另外還有一點應該要先思考：那位朋友應該不會「總是」遲到或爽約。假如想要與她繼續維持朋友關係，可以趁對方沒有遲到或爽約，向其傳達「今天不用等真好」的訊息。

但這樣的言語可能會被對方認為是嘲諷，因此即便遲到但是碰到面了，可以試著不要專注於遲到，而是傳達「能碰面真好」的訊息，或許可以讓對方的行為產生些許改變。

這就是藉由關注於相同行為的恰當面向，進而忽視該行為的不恰當面向。以上的情況僅關注於可以見到面，表示「能碰面真好」，而不要專注於遲到。

被說壞話了

問題13

過去曾經親近的朋友在背後說我壞話，我受到打擊而產生了傷痕障礙。從此以後，我漸漸地越來越不瞭解他人，並且恐懼人際關係。即便如此，我心中仍舊希望可以和人親近來往……

——（40歲世代，女性）

逃避人際關係的藉口

確實有些人會說別人的壞話。當我們知道朋友在說別人壞話，就算是平日友好，也會漸漸地無法信任站在眼前的這個人。

雖然妳說：「被說壞話這件事影響而受到打擊，漸漸地恐懼人際關係。」但事實上並非如此。因為妳不想再遭遇相同的事情，所以認為只要逃避人際關係，就可以不再遇到相同事情。因此，為了不要與人接觸，總是拘泥於被說壞話，並當作不與人親近往來的理由。

雖然在背後說別人壞話的人依舊存在，但是並非人人皆是如此。而且，**會在背後說別人壞話的只是少數。最重要的是，不要將自己的遭遇視為普遍情形**。如果想要與人親近，即使多少會發生不喜歡的狀況，也只能努力參與人際關係。

第3章

人際關係的流言蜚語

不想出席單身聚會

問題 14

在我的工作場所中，每個月都會定期舉辦未婚人士「單身聚會」。雖然我不想參加，但因為無法拒絕，而持續參加了一年之久。我要怎麼做，才可以在不破壞成員氣氛的情況下拒絕呢？

——（30歲世代，女性）

不想破壞氣氛就無法拒絕

很遺憾的是，妳最好先做好心理準備，一旦說出不想參加聚會的話，勢必會破壞其他成員的情緒。如果無可避免一定會破壞氣氛的話，甚至不如說出「因為我要準備結婚」都好，但是，成員都在同一個的工作場所，就無法這樣說吧！

雖然不參加，可能會產生某種摩擦，但是未來持續參加一個不想去又浪費時間的聚會，也是毫無意義。

在參加該聚會的成員裡，應該也有人跟妳一樣不想再去了。妳可以與該位成員建立聚會之外的人際關係，**就算是被孤立而感到無援，應該也可以與聚會毫不相干的人變成朋友**。妳生存的共同體，不會只有「單身聚會」。

想要拒絕不愉快的事情

問題15

當別人要求的事情讓我感到不悅，我該怎麼辦？如果拒絕的話，恐怕會被說「任性」，或者：「大家都在忍耐呀！」

——（30歲世代，女性）

不要忍耐

為什麼拒絕別人，對方會說：「大家都在忍耐呀！」原因就是，提出要求的人也知道妳會「不悅」。正因為如此，別人才不要自己做那件事，而是轉而向妳施加壓力。

若是這樣，妳更沒必要自己承受。妳也拒絕對方不就好了，別人拒絕都沒有關係了。話雖如此，但因為「大家都在忍耐」，仍存在著任誰都不想接受的事。

因此，為了切斷這種習慣存在的連鎖關係，妳需要鼓起勇氣斷然拒絕。**或許拒絕的舉動會讓其他不想承受的人不開心，但是最終而言，總有一天會有人認為妳是對的。**妳拒絕的舉動，是為了造福大家。

自傲的人

問題16

我認識一個總是說自傲話，誇耀自己多麼優秀的人。跟這種人相處的時候，我都會不自覺地煩躁、生氣。我不喜歡這樣的自己。我該怎麼辦才好呢？

——（20歲世代，女性）

當作一般人對待就好

向別人誇耀自己優秀的人，會認為自己若不優秀的話，就無法得到他人的認同。阿德勒稱這種將自己置於優勢地位的人患有「優越情結」，這是自卑感的反面。真正優秀的人只會表現優秀，不需要誇耀，也不需要證明。

但是，沒有自信的人會表現自傲，並將自己置於上位、將妳置於下位。因此妳會覺得煩躁、生氣。

因此而煩躁或生氣的話，可能會衍變成權力鬥爭的局面。假如今後不打算繼續與那樣的人交朋友，只能明確地表達不想和自吹自擂的人來往。

如果還想繼續維持朋友關係，你只要將他當作一般人看待即可。因為對方絕對是為了獲得特別對待而無理取鬧，所以只要讓他知道，即使他表現一般也會被妳接受，反而更為輕鬆自在。若是如此，他曾經出現過特別誇耀自己多優越的行為，也會漸漸地消失吧！

囉唆的鄰居

問題 17

囉唆的鄰居嚴格要求丟垃圾的時間，他強制訂定了特有的規則：「因為烏鴉很吵鬧，所以早上八點前，不要丟垃圾。」雖然我想要反駁「不可能」，但擔心反而會被罵。

——（50歲世代，女性）

關注貢獻

住在附近的人當然不會完全不認識，因為經常會碰見，所以一般人儘可能希望不要和鄰居起衝突。

關於丟垃圾的事宜，也有很多的紛擾，不管是誰都會有遵守規則的想法。那位鄰居為了避免發生問題，而率先起身企圖領導，就這件事本身而言沒有問題。本來是該被感謝的行為，但是那位鄰居強制訂定了自行考量的「特有規則」，對於這樣的人，反而讓人困擾。

首先，你可以做的是，跟那位鄰居表示：「謝謝你一直以來的照顧。」只是對於強制訂定「早上八點前不要丟垃圾」的規則，你感到十分困擾。

如果你不說明該規則造成的困擾，那位鄰居或許不知道相關的情況。而你在說明情況時，也不可以用指責對方的口吻。請試著用商量的方式表示：「因為工作的關係，所以無法在八點以後丟垃圾，請問我該怎麼做才好呢？」

如果以這種方式表達，那位鄰居就會知道自己受到你的信賴，並獲得成就感。當你以直率的說法表示，規定丟垃圾時間不是你的職責，鄰居會認為自己被否定了，或許會出現強烈的反擊行為。

當被暴粗口時

問題 18

當我被對方爆粗口、或是被以惡劣的態度對待時，我該怎麼做才好呢？

——（30歲世代，女性）

離開吵架戰場

縱使妳生氣了，試著針對對方的態度做出反應，這樣的舉動反而讓對方完成暖身準備。假設因為對方的態度而生氣，則已經開始權力爭鬥。簡單來說就是吵架。**解決吵架的方法只有一種，就是離開吵架戰場**。

為了達到這個目的，妳可以說：「我理解妳說的話。」或者：「妳是這樣想的吧！」等話語，但是當妳這樣說的時候，根據對象的不同，可能導致對方生氣。雖然妳也可以多下一點工夫，例如：先明確地瞭解、贊成對方想法或是反對的行為，與理解對方想法是不同層次的問題，再接著說，「我非常理解妳所說的話，但是我反對。」

但是也有很多情況，甚至不用拘泥於贊成或反對，都沒關係。根據對方的態度而產生情緒性反應時，就會變成假如我認同而贊成對方的主張，就代表我輸了。

曾經有人在我的演講，全面性地否定我的演講內容。僅僅是為了反駁我的想法，而特地遠道而來。那個人的聲音宏亮，帶著一股甚至連我的存在都無法容忍、無緣由憤怒的說法，更是讓人無法平靜地聽他說話。

當時，我就知道即使是站著接受責罵也是毫無意義。不論面對任何舉動，應該都有恰當的對應方式。如同先前提過的，藉由關注相同行為的恰當面，同時就能忽視相同行為的不恰當面。雖然我也曾想過反駁的方法，但是那個人並不是打斷我的演講，所以沒有任何問題。

當時我的表示如下。

「老實說，至今為止沒有人當著我的面進行反駁。謝謝您，明白地告訴我反對的意見。」

以現在這個例子而言，不管問題的內容與表達方式，只要清楚表明自己的想法，就是那個人舉動的恰當面。應該有很多人在閱讀我的書籍，或是聽過我的演講之後，認為我的想法不對。但是，沒有人反駁我，應該有很多人是在私下的場合評斷我吧！

當我這樣想的時候，我反而感謝那個人沒有選擇保持沉默，而是採取反駁的行為，因此，我想要聚焦在這一點。但是，我並未就他的反對意見再進行反駁。要能聽取反對意見的必要條件就是不能情緒化，而在那個當下，我判斷那個人需要時間才能達到平靜、不情緒化。

除此之外，他沒有再多說什麼。

如何更親近對方

問題19

雖然我認為對於初次見面的人，只要讚揚對方的隨身物品或是穿著等，就可以拉近彼此的距離，但是我總無法順利這麼做。我是不是不適合讚美對方呢？如果不藉由讚美的方式，我又該怎麼做才能拉近彼此的距離呢？

——（30歲世代，女性）

不是藉由讚美拉近關係

拉近彼此的距離是一個結果，若將其做為目的，而進行誇獎的行為是怪異的。當對方識破這個意圖，反而會讓雙方的關係更加地疏遠。**如果被看出是表面話，反**

而更會讓對方產生排斥感，或是激起對方的反感。

首先，妳要注意不要傷害到對方，如果能夠不過度揣測對方的言語，像平常一樣的對話，自然而然就會拉近彼此的距離。

情緒化的朋友

問題20

我有位朋友很情緒化，說話的口氣不好、也很大聲。我該如何與這樣的朋友相處呢？

——（20歲世代，女性）

不用勉強來往

如果她是妳的朋友，今後也打算繼續往來的話，妳只要跟她清楚說明不喜歡她情緒化、大聲說話的行為就可以了。如果妳已經說過了，但是對方仍舊不改變，就不需要勉強往來。

就某種意義而言，容易情緒化的人也比較容易交往。杜賓犬經常被訓練作為警犬。為了展現牠的精悍樣貌，在日本剛出生的杜賓，就會被剪掉耳朵及尾巴，因此造成有些人覺得杜賓犬長得很可怕。另一方面，聽說英國動物保護協會，是不允許剪掉杜賓的耳朵及尾巴的。或許是因為這樣，所以英國的杜賓犬看起來就沒有那麼可怕。

狗的尾巴最能夠充分展現情緒。當牠高興時，會搖擺尾巴到像是快要斷掉似的，但是當牠感到害怕或是不安時，則是夾著尾巴。你只要看到這些表現，就可以知道小狗的情緒。但是，被剪掉尾巴的杜賓犬無法藉此瞭解牠的情緒，所以經常發生突然被咬的事件。

容易情緒化的人，就像「沒剪尾巴的杜賓犬」。**看不出情緒、不知道在想什麼的人很難相處，反倒是情緒化的人比較好相處。**

但是，你可以拜託對方不要大聲說話。如果對方要展現憤怒，沒必要大聲說話。如果對方是因為妳的言行舉止而生氣，只需要說「我對妳的說法感到生氣」即可。只要轉變為以言語表達，甚至連過去出現過的情緒化舉動都會消失。

實際上，妳可能不知道何時激怒了對方。有可能是因為妳才導致朋友變得情緒化。值得檢查自己的言行舉止，是否有需要改進的地方。

第 II 部

青少年的煩悶

第4章

讀書、就業的自信不足

無法不用LINE

問題21

我明明身在考試期間，卻不知不覺就用LINE和朋友聊天。一開始有講一些讀書相關的問題，但是一聊就聊到深夜……雖然我知道要讀書，但又不想與朋友失和，所以總是不知不覺就聊了起來。我該怎麼做才可以專心念書呢？

——（大學生，女性）

沒有「不知不覺」這件事

妳很常使用「不知不覺」這個說法。但是，**實際上沒有「不知不覺」。而是妳拿「不知不覺」當作藉口。**即使是考試期間妳還是會用LINE，但是只要推說是不知不覺，就表示妳「沒有要用 LINE，而是想要用功念書」，如此妳便模糊了沒有好好讀書的責任。

所謂「不想與朋友失和」，也是相同的情況。都是當作無法不用 LINE 的理由。

因為說出「明天要考試，所以今天不要用 LINE 聊天」，就不再是朋友的人，原本就不是朋友吧。真正的朋友，不但不會生氣，反而會因為妳沉溺於 LINE，而提醒妳應該念書。真正的朋友，不會因為不想被討厭，就默許妳所有的行為。

工作很麻煩

問題22

出社會工作是件麻煩事，我實在受不了。我對工作不感興趣，唯一覺得還行的工作是，我很喜歡打發時間的網路社群遊戲，所以要是能夠到遊戲公司、或是智慧型手機公司工作就好了。如果有可以快樂賺錢的工作，請告訴我。

——（20歲世代，男性）

沒有輕鬆愉快的工作

很可惜的是，沒有快樂賺錢的工作。如果有那種工作，我也想告訴你。即使外人看起來很愉快，實際上也有外界看不到的地方，就算不辛苦，也必須努力，而社會的工作不都是這樣，如此說法並不會言過其實喔。

在舞臺上邊演奏吉他邊唱歌的人，在沒有工作的日子，也必須每天長時間練習。即使作品沒有被雜誌採用刊登，或是沒有集結成冊出版，作家也應該像運動選手，每天像進行肌肉體能訓練般，持續寫作、磨練文筆。

但是，這樣的準備以及工作本身，並不一定都伴隨著辛苦、不一定是一件辛苦的事情。如果是真心喜歡的事情，一定能忘記時間、全心投入。

如果想要在遊戲公司或是智慧型手機公司工作，只能努力進入該公司。如果只是一直玩遊戲，並無法順利到遊戲公司工作。**為了從事喜歡的工作，你最應該著手進行的是，調查必須做什麼準備。**

雙親愛插嘴

問題23

父母經常干涉我的就業情形，因此讓我很焦慮。我明明想要做有興趣的工作，雙親卻認為去知名大企業上班比較好。相較於還無法拿到公司錄取通知，我反而對父母的不體貼行為感到壓力。

——（待業中，男性）

對自己的人生負責

父母會干涉你的就業狀況，應該是太擔心你的緣故吧！但是，要從事什麼工作是你的課題，不是父母的課題。總之，對於孩子企圖選擇的工作，雖然父母可以表達意見（如果你認同這樣的事情的話），卻無權再多做什麼。

即使父母插嘴，你也不需要焦慮。只需要說，要從事什麼樣的工作，是你的課題，而不是父母的課題。

過去某個時期曾被我教過英語的學生，關於父母對自己未來的規劃，總是忍耐等待著暴風雨歸於平靜。但是某一天，她表示：「再也無法保持沉默了！」因此，我就問她跟父母說了什麼，她回答：「這是我的人生，希望可以讓我自己決定。」

因為父母從未想過孩子會這樣說，所以他們當下會感到害怕。她接著連珠砲地對父母表示。「假設我遵從父親的規劃，進入父親認可的優秀大學。如果四年後，我卻覺得當初要是沒有讀這所大學就好了，那時我會憎恨父親一輩子，即使是這樣也沒關係嗎？」

女兒說了這些話之後，父親沒有再多說什麼，她因而得以進入自己想讀的大學，並從事自己喜歡的工作。

如果不遵從父母的規劃、自己決定人生的道路，即使將來後悔了，當然只能自己負責。

不要將找工作的辛勞歸罪給父母

認為知名企業才是好公司，是父母的觀點，你不需要否定。你只要說，「父親（母親）您的想法是那樣吧！」就好。雖然這樣表示，或許會傷了父母的心。但是，你自己決定要從事什麼工作就好，事實上也只有你自己才能真的做出決定。

雖然你也可以參考父母的意見，但現實狀況是，你對於父母的不體貼行為感到焦躁，所以無法平心靜氣地傾聽他們的意見。若是如此的話，你的焦慮只會浪費時間。這單純只是不要遵從父母意見就好的事情。雖然父母經常會插嘴子女的工作，並且強制提出這樣做比較好的個人意見，**但是最終而言，父母不會背負子女的人生責任。因此，你只能清楚明確地向父母傳達你的意志想法。**

雙親會干預

問題24

我父母對我的就業及結婚事宜，總會吹毛求疵，還會干預。雖然我有交往的對象，但是若要跟父母、尤其是跟父親說明的話，就會讓情況變得複雜。我該怎麼做才好呢？

——（20歲世代，女性）

不要承受父母的課題

這個範例與上一個提問者的父母類似。即使想要走出自己的人生，父母卻阻擋在子女的前面。親子關係是一個重要的課題。話雖然這麼說，即使日本有很多父母反對子女結婚、反對子女就業，但是現在也有很多人認為不一定要遵從父母的規劃。抱持著即使背叛父母期待也莫可奈何的人，逐漸地在增加當中。

或許父母這方面也開始注意到，即使嘗試反對子女的決定，也無法背負子女的人生責任。而且有些人因為年輕的時候被父母反對，所以才認為他們也不要干涉子女的人生。

最近我在韓國增加了很多場演講的機會，在那些場合中，我經常會被問到，「終究無法背叛父母的期待」，該怎麼做才不會傷到父母的心？該怎麼做才能孝順父母？我在日本從來沒被問過孝順的問題，所以相當驚訝。

我並不是說不要孝順父母，或是讓父母傷心，即使父母情緒性地反駁子女的選擇，也只能由父母嘗試解決自己的情緒。父母不能因為不喜歡子女的結婚對象，就要求他們停止相關的事宜。

很多父母不管他們的孩子多大了，還是當作小孩對待。**即使父母多麼地反對，子女也只能阻止父母介入。相對地，也要由自己承擔自己的人生課題。**

或許父母認為介入子女的課題，才是為人父母應該做的工作，但孩子想要長大成人、獨立的想法，則與其相反。總之，對於父母想要介入，子女表示拒絕，在這層意義上，有些人在未成人之前就已經獨立，有些人即使長大成人，依舊容許父母的介入、或者根本無法獨立。

會容許父母介入的人，是不想承擔責任。將人生託付給父母，真是輕鬆快樂呀。但是就業、婚姻無法順利發展時，誰也無法承擔責任，原本其他人就無法承擔。**只有自己才能承擔自己的人生。請明確地表示：「這是我的人生，請讓我自己決定吧！」如果能這樣表示，就可以活出自己的人生道路。總不能老是活在父母的人生道路裡。**

或許父母會因為子女獨立而感到不知所措、想要一直照顧孩子，但是就結論而言，你勇敢的推開那雙手，離開父母的行為才是孝順。

父母不會一直保持年輕。即使他們不再提供任何的援助（雖然事實上是干涉），但是，只要知道子女能夠自力更生，就可以安心了吧！就離開子女的這個層面意義而言，我認為父母也需要獨立，但是在父母獨立之前，必須由年輕一輩率先離開他們、尋求獨立。

無法決定就業問題

問題25

當大家都在找工作的時候，我當然也在找。我幾乎每天都有面試、考試。但是想去的公司全都沒有錄取。我該怎麼做才好呢？

——（待業中，女性）

評價與本質無關

以下，這是我女兒找工作時期的故事。有一天，我們一起共進晚餐，女兒突然說。「我陷入了極度的低潮。」

因為女兒拜託我幫她檢查求職表，是否出現錯字或是疏漏，所以我曾多次閱讀過她的求職表。雖然我沒有針對內容提出任何見解，但是我覺得求職真的是一件相當累人的事。有些公司在書面審查階段就知道落選了，也有些公司則是進行到最後的面試階段才知道。

為何女兒表示「陷入低潮」時，我會感到訝異呢？即使她幾乎每天出門面試，但她看起來似乎相當稀鬆平常。

假設沒能進入某一家公司，那也只代表那間公司對你的評價。公司對於你的評價與你的本質根本是兩回事。就算某人說：「你很討人厭！」所謂「討人厭」，僅代表說這句話的人是以那種方式看待你，不會因為他的見解或是評價，而導致你的價值低落或是改變你的本質。

相反地，當你被某人稱讚：「你真的是好人！」你或許會高興、眉飛色舞，但在這裡，所謂的「好人」，也只代表說話的人對於你的評價，因為那人的評價無法決定你的價值。評價與你的本質毫無關係。

自古以來，許多藝術家在生前都沒有獲得認同。但是，就算未獲得社會上的認可，也不代表著他們沒有才能。如果是真正的藝術家，不會因為別人的評價而喜憂參半，或是為了獲得別人的認同而繪畫、作曲。即使為了獲得認同而繪畫，為了獲得認同而創作樂曲，因為是迎合人們的喜好，所以那樣的畫作、音樂，都不能算是自己的作品。即使沒有獲得任何人的認同，藝術家都應該知道自己的作品具有價值。不需要得到別人的認同。

因此，就算你沒有順利進入志願的公司，也僅是代表該公司判斷他們不需要你這樣的人才，所以不需要因此而陷入低潮。相信一定有公司能正確評斷你的價值。如果有真的很想進入的公司，為了到該公司工作而需要具備某些知識的話，雖然不知道最終如何，也只能努力準備了。

此外，現在這個時代，也有許多年輕人選擇自行創業。當然，創業不是一件簡單的事，這一點不用多說，但是也可以當作選項之一。

明明被錄取了，卻……

問題 26

雖然，我早早就獲得許多間公司的錄取通知，但就是無法決定要去哪一間公司。

——（20歲世代，男性）

開始工作後再決定

理論上，不論升學或就業、戀愛或結婚，都可以做出選擇，但是實際上，我認為還是有「緣分」這件事。這讓我想起了一個故事：我的一位朋友去參加某個公司的面試，突然間下起了大雨，於是他跑至鄰近的大樓躲雨。在那當下，他看著眼前的公司，想著要不試著面試看看，於是他就接受考試，並且被錄取了。

即使已經拿到錄取通知，卻無法決定是否去工作，會出現這種狀況的理由之一，是認為或許會被其他公司錄取，可能其他公司會開出更優惠的條件。藉此提高選擇障礙的理由是，即使嘴上說著想要工作，實際上卻是不想工作。這就跟在愛情中期待著「命中註定的人」出現一樣。

但是，無法做決定的理由應該不只如此吧？明明已經拿到錄取，卻無法決定，是因為期待條件更好的工作。但是就算已經知道起薪，實際上還是不知道正式進入公司後的真實狀況、工作內容。總之，無法做決定的人，是以為自己知道了不瞭解的事情。只要不瞭解真實的狀況，就無法與其他公司比較。

儘管如此，但不代表著只要實際參與工作，就可以馬上知道工作狀況。不論什麼工作，都必須花費數個月以上的時間，才可以瞭解工作的內容、今後工作的職場情形，以及一起工作的同仁們是什麼樣的人。或許只要三個月就可以得出大略的見解，但根據我的經驗，最少需要待一年的時間。只要經過一年，你就可以看清各種事物。

我曾經工作過的精神科醫院，位於祇園祭山鉾林立的京都市中心地區。當山鉾遊行接近時，候診的病患就會逐漸減少，在祭典的高潮之一前夜祭宵山的時候，更是顯得一片寂靜。

但是我清楚地記得一件事，正是在這個夜晚，有位無意間忘了祇園祭的病患喘吁吁地跑來醫院。因為這個人只在意自己的病情，完全無法關心周遭的事物，他甚至遺忘了祇園祭。

剛出社會的時候，不管什麼事情都是第一次經歷，所以可以說幾乎所有的事都是驚嚇，但是一年之後，已經可以隨著季節想起前一年的事情、預估下一年的行事動向，所以漸漸地不會出現預想之外的事件。雖說習慣了工作內容，但卻無法立即判斷到底是好或是壞。

無論如何，當你能夠漸漸地看清各種事物時，正可趁著這個時候好好思考，是否繼續待下去？如果能夠持續地工作到那個時候，今後應該也可以工作下去吧。

動不動就離職

問題 27

即使大學畢業了，我也沒有想要馬上工作。在朋友們積極參與就業活動時，我以老派的風格表示：「大學生的本分是念書。」不論家人或朋友，我都不管了。之後，我雖然順利畢業了，卻無法好好就業，因此在家中待了好幾年。雖然在朋友的勸說下開始工作了，卻只做了三個月就辭職。今後，我該怎麼辦才好呢？

——（20歲世代，男性）

自己決定

雖然你的家人朋友看似不管你了，我也認為就「進入大學的目的為何」這個觀點思考，大學生為了準備就業而沒有好好念書，確實是一件奇怪的事情。而且沒有人規定畢業之後就一定要就業。但是，以大學生的本分是讀書這點來灌醉自己，就結果而言，必須要嚴厲地自問，是否將其作為「大學畢業後不要立即就業」的正當理由。

我從你「在朋友的勸說下開始工作」的說法來看，無法感受到你想要積極地以自我意識來選擇工作的魄力。的確，就算在別人的勸說之下，確實還是自己決定要去就業的，**但不應該是被勸說，所以才被動去做，如果不是在更強烈的動機下決定工作的話，今後恐怕相同的狀況會一再發生。**當然，並不是說工作了，之後就必須一直待在同樣的職場。但是，不好好的思考到底為何而工作，一定會發生因為某些機緣而立即辭職的狀況。

解開為何工作這個問題的關鍵之一，就是在認為不要準備就業而要念書的學生時代，是為了什麼目的而念書。這並非不把就業當作最優先的目標，應該也無關乎為了得到眼前的成果，僅僅是感受到學習本身的樂趣而念書。假如你可以像努力念書一樣盡心的工作，也就不會被「別人勸說」這樣消極的理由打動，而是可以感受到工作的喜悅吧！

何謂大人？

問題28

我從孩提時代開始，就與父母一同生活至今，雖然我也不認為自己可以一直當小孩子。但是，何謂真正的大人呢？

——（30歲世代，男性）

無關乎年齡

在我母親毫無預警地、年紀輕輕便過世的那一年，我結婚了，那時我還是個學生。雖然婚後依舊與父親一同生活，但是在結婚前夕，父親對我做出如下宣言。父親說：「你即將要結婚了，從今之後，我不會再提供任何的經濟支援。」

從那時至今，我再也沒有得到特別的幫助。我曾經想過為什麼父親要特地在那個時刻提出這樣的宣言，當時還是學生的我，可說是單純地仰賴父母的養育。

當然，那時我已經二十幾歲了，就年齡而言已經是個「大人」，但是當父親說出、不再提供經濟支援，我突然自覺「必須要振作了，不可以一直自認是個孩子」。

所謂成為大人，與年齡無關。人不可能隨著歲月的增長，就會自動變成大人。實際上，當我還是小學生時，就曾經想過自己必須要成為大人。

在小學生時代的某一天，有位朋友打電話給我。那是一通邀約現在要不要出去玩的電話。因為我住在離學校比較遠的郊區，所以我回家後直到隔天上學以前，都不會再出門，但是我被朋友的電話動搖了，於是問身邊的母親：「我現在可以出去玩嗎？」

母親隨即回答：「那種事情你可以自己做決定。」

聽到母親的回答之後，我覺得很羞恥。我想，如果連自己決定要做什麼都要問的話，我就還是一個孩子。

為什麼我明明還是小學生，卻羞於承認自己還是小孩子呢？這其來有自。剛好在同一個時期，某一天，我稱父親為「爸比」。如果小學生稱父親為「爸比」，應該是相當普遍的表達方式，但是父親卻對我說：「不要用那麼孩子氣的表達方式。」

聽到父親這樣的言語，我感到相當困惑，心想：「明明我就還是小孩子呀。」之後，過了很長的一段時間，我都無法以任何的表達方式來稱呼父親。我認為我必須要成為大人。

自己做決定

何謂成為大人，可以有以下三點要件。

第一點，**自己決定必須要做決定的事情**。當我在放學回到家，接到朋友的邀約電話，我應該不用詢問父母，而由自己決定要不要出門。雖然明明應該這樣做，但我卻詢問了母親，是因為我想自己還不可以對自己的行動負責、也無法負責。當然，有很多事情都是小學生無法負責的，但是像要不要出去玩這種事，小學生絕對有能力自己決定。

就年齡而言，明明已經是大人了，有人依舊無法決定自己的人生。例如：關於要讀哪個學校、要從事什麼工作，或是跟誰結婚等。如同對於至今為止的問題所提出的答案再三強調般，無法做出決定的人，想要將無法順利達成的責任轉嫁到他人身上。這樣的人，無法稱為「大人」。

自己決定自己的價值

成為大人的另一個必要條件是，**自己決定自己的價值**。從孩提時代開始就被褒獎長大的人，總是想著成為大人之後也要獲得別人的認同，所以無法自己認同自己的價值。

雖然是自己的人生，但是無法確信正確的生活方式。如果有人說很好，就會感到高興，可是被批判時，就會立即改變自己的生存方式，這種行為不是大人。如此這般地以他人的評價或是認同做為判斷依據的人，是依存於他人，無法說是大人。

脫離自我中心

第三點，**可以脫離自我的中心思想。**確實在孩提時代，若沒有大人的幫忙，就無法生存。只要孩子哭了，就算是半夜，大人也會起身照顧。但是，在不知不覺間，漸漸地不再需要大人無微不至的照顧，孩子們可以自己處理或是必須自己處理的事情，便越來越多。

儘管如此，想要一直保持孩提狀態的人，就算是自己可以處理的事情也裝作不會，總是接受父母的幫忙。父母方面也是一直認為孩子什麼都不會，便一腳踩進孩子的課題代而為之，強迫孩子接受自己的想法。當然，孩子也因為父母的介入而不需要負擔責任，所以感到輕鬆愉快。

所謂成為大人，是指能解決自己的課題，瞭解自己絕非共同體的中心，他人不是為了滿足自己的期待而存在。

那麼，你認為自己是大人嗎？

第5章

職場的焦燥不安

第一個挫折

問題29

我明明才剛進入公司，卻在五月時決定辭職。雖然從大學念書到就業階段以來，從未遭遇過挫折，但是一進公司，就立刻被指派進行拜訪客戶業務，對我還說，這是第一個挫折。現在回想起來，雖然知道長官並沒有期待我從一開始就可以順利進行，但我試著做了之後，結果卻是一場糊塗。

我會認為「無法在這個公司繼續待下去」的原因，不僅只有這一個挫折。決定性的原因是，我覺得前輩及長官看起來都沒有很幸福。如果今後繼續在這家公司，當我一想到之後會變得跟他們一樣……我就感到害怕。未來，我該怎麼做才好呢？

——（20歲世代，男性）

活出自己的人生道路

現今的社會環境，就業本來就不是一件容易的事情。所以，有人因為被譴責，就決定辭職。或許是因為你至今都過著一帆風順的人生，所以會有很多人對於你決定辭職的行為，感到驚訝。

但是，我認為比起他人怎麼想，最重要的是活出（自己的）人生的道路。即使曾進入社會上普遍認為一流的公司，如果自己無法理解、接受在那個地方工作的話，今後的人生會相當地痛苦。反而想試問那些以無法理解的狀態而持續工作的人們，**到底是為了誰的人生而活？**

如果不能活出自己的人生道路，就沒有意義了。在這層道理之下，這次你違背了一般人的預期、也違背了你自己本身的預期，而立即辭職的行為，對你來說具有重大的意義。你第一次可以決定自己的人生。

在學生時期，應該也曾經在不是被人強迫、而是自己主動想要學習的情況下念書。對於不認為在求學或就業階段遭遇挫折是好事、今後要一帆風順地邁開人生步伐的你來說，這次的挫折是個相當大的打擊，但是在歷經這些事情的時候，人們正可藉此獲得首度反省人生的機會。至今未止，你或許從未想過，但是我認為必須要思考「為何而工作、為何而生存」的問題。

當你這樣想的時候，我認為相較於在業務工作的失敗，你提出決定辭職的重大理由，是因為看不到前輩及長官的幸福臉龐這一點，更具有意義。這點所蘊含的意義，有別於僅是因為工作很辛苦而辭職。

此外，或許至今為止，你認為已經可以看到未來的人生雛形，但是藉由此次的經驗，認知到過去認為在未來理所當然會發生的事情，不一定會出現，能注意到這一點也是別有意義。之所以認為可以預見未來的人生雛形，是因為模糊的光線出現在人生當中。

如果是就讀直升高中的國中生，可以輕易地預測接下來就讀的高中。但是，一旦提到要進入哪間大學，預測的難度就稍微增加。況且，大學畢業之後的人生，更是無法預見。

你應該注意到人生不是如此地單純吧！現在的你，伴隨著挫折而來的痛苦不會太大，而且也比較輕易能改變未來的出路。

為了生存而工作

人是為了生存而工作，不是為了工作而生存。雖然大家都說一定要工作，但是，就算工作是人生的課題之一，人生也不是只有工作而已。工作狂認為，只有工作是人生的全部，而隨意看待交友、愛情等課題。或許這樣的人可以在三十歲建立自己的家園，卻會在四十歲建造墳墓吧！我不認為應該期待擁有那樣的人生。

高喊「工作是生存價值」，聽起來可能很好聽，但是絕對會為了工作，而犧牲了活得像個人的生活。

雖然這個問題是，去工作卻馬上辭職、今後該怎麼辦才好？**但我的建議卻是，找出可以用任何形式對他人做出貢獻的工作。**要做什麼工作這個問題不大，重要的是，從事的工作對他人有貢獻。如果因為工作而感受到貢獻度，所以變得喜歡工作，即使工作多少有點辛苦，也不會放棄吧！

我經常在演講場合表示，「喜歡的事情不需要努力」。所謂不需要努力，或許有點言過其實。不論哪種工作，都需要努力學習上手。但是對於從事喜愛的工作的人來說，那種努力不會痛苦，**不是為了自己，從事的工作對他人有貢獻的尊榮感，具備了超越痛苦的力量，即使再痛苦，也不會辭職而能堅持下去。**

不想在無理斥責的長官底下工作

問題30

明明我的工作很有趣、也有價值，但是我與長官的關係卻不好。從早上醒來開始，我就感到憂鬱，一想到又會被長官斥責時，邁向公司的步伐，就越來越沉重。

——（20歲世代，男性）

沒必要和長官成為朋友

工作的目的是完成職責，而不是和同事成為朋友。當然，這不代表職場完全不能展現感情、淡漠地度過每一天，也不代表在職場上的人際關係，絕對是圓融共處優於固執。

但是，**職場是從事工作的場所，如果在意與工作沒有直接關係的人際關係，而隨意處理工作，反而本末倒置**。工作才是本分，就算有不合的人，也必須忽視該情況而專心做事。

職場中理所當然會出現不同的意見。如果認為他人的考量不對、自己的想法才正確，即使對方是長官，也不應該保持沉默，請明確地表達自己的想法。

職場中最重要的不是「誰」說了那些話，而是說了「什麼」。就算是長官也可能會說錯，當然，也有部下說錯的情況。如果表達「那點是不是不對呀？」，卻得不到審慎思考機會的職場，我認為應該要好好地思考，未來繼續待下去工作，是不是一件好事。

但是，在做出那樣的決心之前，希望你可以嘗試努力改變職場的環境。雖然人們一開始是隸屬於組織，但也不應該僅以被動的姿態隸屬於組織。如果組織中存在著應該改善的地方，則不該抱持著不滿，你有責任改變組織的存在方式。

長官的不正常認同渴望

只要知道長官為何會以無理的方式斥責下屬，即使被長官罵，也不會受到動搖。如果是有能力長官，絕對不會情緒化。就算被下屬指出錯誤點，應該做好承認錯誤的準備；相反地，當主管需要修正下屬的想法，也不會情緒化，而能好好的指出下屬的錯誤之處。

但是，工作上無法得到認同，沒有能力的長官會在非工作場合，向下屬誇耀、展現自己的優越。阿德勒將這種無能的長官、誇耀自己優越的場合，稱之為**「次戰場」**。至於原本的工作場合，阿德勒稱之為**「主戰場」**，關於將工作場合稱之為「戰場」，是否恰當這一點，至今仍議論紛紛，莫衷一是。總之，因為長官知道自己在工作方面沒什麼能力，所以不能被部下看透。

長官會無理地斥責下屬的理由是，他必須藉由這樣的方式，守住自己的權威。但是，領導者根本不需要權威，會斥責下屬的長官，並不瞭解這一點。他們也不知道這樣做，只會讓下屬恐懼，絕對無法得到尊敬。

更進一步地說，他們沉浸在看到下屬低落的優越感中。當長官出聲斥責時，雖然有些下屬不會失落、並勇敢地抵抗，但是若能成功地讓這些下屬屈服，長官就會越發覺得優越。

不管對方是下屬或是任何人，會利用憤怒顯露出其不成熟的人格的長官，我極度認為他在家裡也不會得到子女的尊敬。

雖然藉由斥責下屬而獲得優越感，是長官想要的認同渴望，但是在非工作場合，也以「讓人感到害怕」的型態獲得下屬的認同，只能稱為不正常的認同渴望。下屬不需要滿足長官的認同渴望。假如長官說了不對的事情，只要針對那一點進行反駁即可。與工作不相干的事情，而被無理的方式責備時，應該要明確表示與工作無關。

如果工作受到長官的適當指導，而出現「都怪長官害我上班都邁著沉重的步伐」，或是更進一步出現「我不適合這份工作」、「我無法工作」等想法，是相當奇怪的。

當然，如果多數情況都是下屬不服、企圖冷靜地反駁，長官因此而無法滿足自己的認同渴望，而造成更加激烈地反擊。我們無法改變這樣的長官，所以下屬該做的事情是，成為一個即使遭受長官無理的破口大罵，也不動如山的人。

為何不指出上司的錯誤之處呢？

假如下屬不指出上司的錯誤，之後工作不順利時，就可以將責任歸罪到長官身上，以免除自己的責任。對長官察言觀色、什麼都不表示的下屬，不會考慮到工作的成敗與否，只會關心自己的事情。

只要知道以上的道理，就不會對職場的人際關係感到痛苦。

假設即使如此，依舊無法認為工作具有從事的價值，而不想工作的話，與其說是因為長官的言行太過無禮而導致，不如說是為了逃避工作而將其作為藉口。即使大家同樣受到長官的斥責，也沒有像你一樣不想工作。

若是這樣想，**只要不指責他人、反躬自省是否還有改善的空間，應該可以找到解決工作問題的線索吧！**

總將自己放在優先地位的長官之相處方式

問題31

我該如何與「總是將自己擺在優先地位的長官」相處呢？

——（20歲世代，男性）

平常心看待

你的煩惱與剛才那位相似。雖然這麼說會變成老調重彈，但真正優秀的人，不會誇耀自己。老想將自己置於人際關係上位的人，會認為如果自己表現平凡的話，就不會被認同。我在在「問題十六」中也提過的「優越情節」，就是自卑感的反面。

有些人在職場中，會讓自己處於優勢的地位。如果長官是這種人，事情就難辦了。我想你已經知道，他們會在「次戰場」，以無理的方式斥責下屬，當下屬感到低落，他們就覺得優越。為何會選擇「次戰場」呢？相信你也知道理由了。因為沒有工作能力呢？或是實際上就是無能。

有些下屬會勇敢地反抗長官，如果能夠斥責那種下屬，並壓制、得以讓下屬屈服，那麼長官的優越感會越發強烈。

如果下屬在工作方面出現某些誤失，只要上司給予適當指導，今後不要再重蹈覆徹即可。但是，上司卻不處理失誤本身，而淨是說些貶抑下屬人格的話語。

阿德勒以「價值低落傾向」一詞，解釋此種長官的態度：企圖藉由斥責、貶低，降低下屬的價值，以相對性提高自己的價值。在我許多的演講場合中，有些提問者一開口會先針對我的演講方式，以忠告的口氣說：「你的聲音太小，以致於我無法充分瞭解演講內容。」他們藉此在一開始就先「低落」我的價值，以便順利提問。如果是關於演講內容的提問，我已做好了準備，但被這樣說，我也只能回答：「今後我會注意。」雖然對方認為藉此可將自己置於優勢，但通常都是提問偏離主題的問題。他們認為若是問演講相關的問題，就無法取得勝利，所以才提出聲音太小等問題，但是提問的目的原本就不是為了獲勝。

即使長官是那種人，下屬也只管平常心對待就好。那種人是逞強讓自己看起來很優秀，即使面對這種人也能平常心對待，他們應該可以學到不用像過去一樣，在你面前扮演強大的自己也沒關係。因為他們最知道，不用在人前裝作強者，是最輕鬆快樂的事情。

SNS的問題

問題32

我在臉書(FACE BOOK)收到來自長官的「交友邀請」通知。我只要一想到連私領域長官都知道,感覺就不是很好。今後,我該怎麼跟長官相處才好呢?

——(20歲世代,女性)

不需要滿足長官的認同渴求

連SNS都想與下屬有所聯繫的長官,只不過想要誇耀自己在年輕一輩中也有威信、被欽慕仰賴。如果長官想要被下屬另眼相待,其實只要具有工作能力即可。

假如長官連私領域都要求建立聯繫的話,那可說是不正常的認同渴望。這種長官，就不是前文提及會以無理方式斥責下屬的人，反而可能是受到某些下屬歡迎的長官。他們想要向他人誇耀自己與年輕下屬（在網路上）是朋友，並希望自己被認同，是一位在網路上不被討厭、可以掌握下屬的長官。下屬沒必要迎合這種長官的不正常認同渴望。

因此，就算收到長官的交友邀請，只要忽視即可。或許長官不知道，現在也有一些「假冒」的情況，即使是長官的邀請通知，只要沒有附上訊息，就直接忽視。連訊息也沒留就發出邀請通知，是相當沒有常識的，所以沒必要因為對方是長官，而容許這種沒常識的行為。

如果有留訊息，又該怎麼辦呢？或是長官直接開口詢問，該怎麼辦呢？在這種情況下，也只能委婉地明確拒絕。與長官成為朋友後，連私領域都會被知道，將無法享受 SNS 的樂趣吧！只是在拒絕時，不要說理由較好。我一律不接受長官的交友邀請。只要這樣寫、這樣說就好。

當然，具有不正常認知渴望的長官被下屬拒絕時，或許會感到困惑、生氣。但是該怎麼處理這樣的情緒，是長官的課題，不是下屬的課題。

如果出現觸怒長官而導致工作不順遂，只能明確地向長官傳達，不能因為拒絕了SNS的「交友邀請」，就轉移到對工作方面不滿，沒有這個道理。

被奪走隱私

基本上因為是工作，所以職場上的人際關係課題，不論長官或同事，都沒必要和他們成為朋友。即使有些人合不來、不值得尊敬，但因為是工作的夥伴而不是朋友，所以只要離開了職場，關係也就到此為止了。不需要將職場上的人際關係帶到私領域。

Private，**英文詞彙的起源拉丁語的**Privare，**意思是「搶奪」。自己的隱私，只能由自己「奪取」。**

對自己的人生負責

即便如此，有些人仍無法拒絕。為何無法拒絕呢？因為擔心拒絕之後，會不會在人際關係上引起波瀾。

無法拒絕的人，除了具備逃避人際關係方面的磨擦意識之外，還有連自己也沒發現的意識。那就是藉由不拒絕，以逃避自己應該承擔的責任之意識。就職場而言，即使覺得長官的發言有點奇怪，也不會提出不同的意見，僅僅只是遵從，之後工作無法順利進展時，就可以將責任推到長官身上。因為是照長官吩咐做的，所以工作才無法順利進行。

至於你所提出的問題，無關工作，而是私領域，所以完全沒必要擔心會因為拒絕，而遭受到利益損害。

總是只有同期同事受到關照

問題33

我和同期被分配到同一個部門，對於長官不關照我，只照顧同期，讓我忍不住感到厭惡。乍看之下，同事長得很可愛且受到男性歡迎，但卻是一個在背後有偷工減料機會，絕對潦草行事的人，是屬於聰明狡猾的類型。但長官卻完全被矇騙，絲毫沒有發現這一點。

——（20歲世代，女性）

同期的評價與妳無關

關於該位同期是什麼樣的人，與妳的工作毫無關係。**請試著想像「人際關係的三角形」吧！與妳相關的只有妳與長官、妳與同期的關係而已，妳無法介入與妳沒有**

連結點的「上司與同期的關係」。

儘管如此，妳必須思考為何會如此介意那位同期呢？如果妳對工作有自信的話，應該不會介意長官或是其他同事如何看待她。妳是不是一開始先有不怎麼喜歡現在這份工作的想法，為了說服無法繼續待下去的自己，轉而介意長官照顧同期，因而覺得自己無能為力呢？

如果妳打算繼續這份工作，只能不要介意那種事而致力於工作，即使長官照顧下屬情況屬實，長官如何評價她，妳根本使不上力。妳可以做的是，**不要介意自己無能為力的事情、鼓勵自己努力工作。**

在意職場中討厭的人

問題34

職場一定都會發現討厭的人，並且一直介意那個人的行為舉止。雖然對方對我做過一些討厭的行為，但是，是否有不要介意的方法呢？

——（20歲世代，女性）

討厭的人必定存在

職場上，確實會出現別人對我們做了討厭的事情，或是被說了討厭的話等情況。如果要說，有誰會一直介意那種事，倒也沒這麼一回事。**會在職場上發現討厭的人這件事本身，有其「道理」**。如果知道了原因，就不會再介意。

如果工作順利，即使討厭某人，也不會一直介意下去。雖然難免需要和討厭的人一起共事，但並不是要成為朋友。妳的說法不是注意到職場中有討厭的人存在，而是「一定會發現」討厭的人、然後「一直介意」，所以看起來像是故意或是特意發現那樣的人。因為妳想要將工作不順利，推到那種人的存在。

如果工作順利，應該漸漸地就不介意吧？

沒有得到適當評價

問題35

不論我多麼努力地工作，都沒有獲得來自於長官及同事的適當評價。我在前一個職場也工作了很長一段時間，自認為應該多少有些貢獻，但老是被說「總是做不好呀！」而感到痛苦。連努力上進的想法，也都消失得一乾二淨。

——（20歲世代，女性）

不追求他人的認同

前文已經介紹過「長官不正常的認同渴望」案例，下屬也會有認同的渴望。如果妳所說的「評價」是關於工作的話，為了獲得正確合理的評價，當然必須致力於工作，如果妳是「想要被長官及同事認同」，說法自然會不同。

當自認為在工作有所貢獻，想要被長官及同事認同，這一層意義上的認同渴望就會消失。在被如何評價、認同之前，首先必須認同自己的工作價值，如果連自己的工作、以及更進一步的自我價值，都必須仰賴他人認同才能確認，則代表妳是依賴著給予認同的他人。如果依賴別人的話，則變成是為了獲得他人的認同而活著，無法活出自己的人生道路。

沒有發揮自己的能力

問題36

我在學生時期拚命學習中文，具備了一定程度的中文能力。當初，我想要有效運用這種能力，進入有外商業務的公司，但被分配的部門卻盡是國內業務。雖然工作了三年，至今未能發揮。雖然我也想過，如果今後依舊是這樣的話，考慮轉職到比目前更能發揮中文能力的地方，但又對於新工作是否能發揮這一點，深感不安。我煩惱著就算有所不滿，是否繼續留在現職比較好？

——（20歲世代，男性）

停止活在可能性之中

當然，可以將所學運用到工作是最好的。但是，我比較在意的是，你明知目前的職場無法運用到中文，為何還繼續留下來呢？

雖然留職的重大理由應該是轉職不是一件容易的事，除此之外，你還擔心轉職之後，是否真的可以運用到中文。

若要我說你為何會煩惱，是因為你無法做出決定。當你停止煩惱之後，就必須決定留在現職，或是轉換跑道。而你想要藉由留在無法運用中文的職場，繼續活在可能性之中。

你的想法是，雖然現職無法順利發展，但是「轉換跑道之後」，一切都會順利進行。但是不轉職的話，不會知道是否能順利進展。或許不會順利，或許會順利。明明後者的可能性也很高，你卻選擇留下來，因為你想要活在可能性之中。

雖然不知道結果如何，如果只考慮假設轉職後會變得怎麼樣、停止活在可能性，而投身現實，即可看到轉職所帶來的結果。如果可以活用中文能力、完全按照規劃進行工作的話就好，但在目前這個時間點，還無法預見新職場如何發展。假如無法達到預期的結果，即使到時再考慮該怎麼做，都沒有關係。假如是自己能力未逮，只要再努力學習更多知識就可以了。

當然，繼續留在現職也是選項之一。若決定這麼做，你絕不可以將無法運用中文能力，當作工作不順遂的理由。

為什麼只有我倒霉？

問題37

同期都被分配到預期的部門，並活力十足地發光發熱，但是我的命運卻是，分配到在公司內部傳說是「落空」的部門……為什麼只有我倒霉被牽著走呢？我忍不住嫉妒同期。

——（20歲世代，女性）

首先，在分配的部門嶄露頭角

在工作中，我們有可以被其他人取代的面向，也有不可取代的部分。我認為不要有如果我不在這個職場，這裡將無法運作的想法比較好。實際上。**不論什麼工作，一定都有可以取而代之的人。**

另一方面，也有一些只有自己才可以完成的事情。即使身處於非自己選擇、無可奈何之下被分配的部門，在那裡也一定會有只有自己才辦得到的事，即使是相同的工作，也可以用只有自己才做得到的方式進行。就算將來被分配到其他部門，我認為**首先妳應該做的、可以做的，就是在眼前所屬的部門，確實地完成工作、努力嶄露頭角**。

雖然我不認為妳是真心使用「命運」這個詞彙，假使妳認為只有自己遭受不正當的對待，只是因為必須找個理由，說明工作無法照規劃順利進行。

無法尋求他人的協助

問題38

即使面對舉雙手投降的難題，我也無法向他人求助。雖然我努力地想要靠自己的力量完成所有的事情，結果總是無法在被分配的工作中，做出一番成果。

——（30歲世代，女性）

無法尋求幫忙的人，只會關心自己

有些人明明不知道路，卻還是不會詢問路人。因為他們覺得，要是自己明明已經竭盡勇氣開了口，可是得到的答案卻是，被指著眼前的建物說：「就是那裡喔！」會感到相當羞恥。

如果因為覺得羞恥而不問路的話，或許最終會迷路、並錯過約定的時間。會在意問路被對方如何看待的人，相較於準時赴約、抵達目的地這個更為重要的事情，他們優先考慮的是自己，這種攸關面子的問題。

一般而言，如果出現無法一個人完成的事情，就應該尋求他人的協助。如果可以獨力完成都要尋求他人幫忙的話，這是撒嬌依賴，但是，**如果無法獨力完成的事情，不表示做不到的話，結果是造成別人的困擾**。

如果有人認為，無論如何都必須自己完成，而頑強地拒絕向他人求助，則周圍的人，都會因此而遭受到困擾。

無法諒解申請產假、育兒假，減少工作時數的晚輩

問題39

職場上的後進們，接連地請產假、育兒假。當她們返回職場後，又依據減少工作時數制度*，而得以提早下班回家。我的工作量明明因此增加、變得辛苦，卻無法增加薪水、也沒有獲得補助。雖然我結婚了，但沒有小孩。都是有孩子的人獲得優惠待遇，我真是深感不公、也無法接受。我很嫉妒後進。

——（40歲世代，女性）

有一天妳也會……

因為受到休假的人影響而導致業務增加，是職場勞動環境的問題，如果有需要的話，必須要求改善。但是，在這一個案例中，還有其他想要考量的事情。

不侷限於生產，不論是誰都可能遇到因為生病、受傷或照顧父母，而需要請假的狀況。當然，不知何時妳可能也必須請假。休假確實會造成別人工作量增加，但是只能靠大家協力合作，以補足請假者的工作量。

必須請假的日子大多不可預期。但是，只要在職場的每個人，都保持著可以工作就工作的想法而努力打拚，當必須請長期休假時，就可以不客氣地直接提出申請。不要認為不公平，希望妳可以想成是連同休假者的分量一起努力，以對職場的夥伴們做出貢獻。

譯註：日文為「勤務時間縮短制度」。

害怕被部屬討厭的長官

問題40

我有個下屬工作總是做不好。我認為這樣的下屬，應該要嚴加斥責，那正是長官的工作。但是我擔心斥責會造成不只他、連同其他下屬都對我的評價不佳，故而無法嚴厲斥責。

——（50歲世代，男性）

斥責雖然有即時性效果，但不具備有效性

對於無法嚴厲斥責下屬的人，我絕對不會說，不管下屬怎麼看待自己，都應該這麼做。「斥責」這個舉動，原本就無法改善下屬的行為模式。

認為下屬做不好應該斥責的長官，是因為自己也曾經被長官訓斥過，所以認為

斥責是理所當然的。甚至認為就是因為曾經被訓斥過，才有今天的自己。就算他認為可以毫不猶豫地訓斥、是為了下屬好而教訓，我一點也不會覺得不可思議。

但是，因為長官的訓斥而成長的人，原本就有能力，即使被訓斥了也能發揮才能。事實上不是因為被長官教訓所以成長，而是儘管被訓斥，而能力仍得以發揮。在真實情況裡，相信在同期之間，應該也有人無法在那種長官底下做事，所以決定辭職。

從你將情況限定在「下屬做不好」的說法得知，你絕對不是那種讓下屬獨立自主、給予肯定的長官。正因為如此，你才會掛心著下屬如何看待。如果你認為訓斥是理所當然的人，自然無法停止斥責，如果對訓斥感到有點猶豫，你可以擺脫必須訓斥下屬的想法。

多數的長官在下屬事情沒做好時，理所當然都會嚴加斥責，假設「訓斥」這個方法有效，只要教訓過一次，下屬應該就不再重蹈覆徹了。但是實際上，下屬總是重複著相同的錯誤。在這種時候，長官會不自覺地認為是因為教訓的強度不夠，只要加以嚴厲訓斥，漸漸地下屬就不會犯錯了。

假使還是繼續出現相同的錯誤，則更合理的想法是，思考斥責這個方法本身的不恰當。如果能夠稍微思考一下這個面向，應該馬上能知道其道理，但無法捨棄希望藉由更嚴厲的斥責、以減少下屬犯錯的長官，即使無法得到預期的結果，也總是執著於訓斥這個方法。

斥責的弊病

長官訓斥下屬的理由，是希望下屬改變做事的方式。或是更一般性而言，希望下屬照著自己的想法行動。實際上，大多數的情況是，因為下屬會害怕嚴厲訓斥的長官，所以照著長官的吩咐去做。但是另一方面，害怕失敗、對長官察言觀色的下屬，漸漸地會失去靠自己的創意及用心做事的想法。

當變成這種情況時，下屬會變得害怕失敗、只考慮不要興起波瀾，不會想要運用創造性、率先展開一些新事物。問題在於當下屬不想發揮創意，這個組織就會漸趨缺少活力。即使沒有被罵，如果下屬只會等待長官指示，先有命令才行動，則將無法完全地發揮能力。

關注下屬的貢獻

下屬方面也會有問題。有些下屬心存著「即使失敗，也想被長官認同」的不正常認同渴望。長官越是斥罵，這種下屬越會重蹈覆轍。

長官可以做的是，不要認為下屬理所當然必須工作。具體而言該怎麼做才好呢？遇到機會就出聲表達：「謝謝」、「真是得救了」。不要僅止於行動，也必須關注下屬的存在這件事本身。總之，因為目前尚未具備十分充足的知識及經驗，即使犯錯、無法期待提出成果，不管怎樣，都可以對到公司上班的下屬表示「謝謝」。當下屬休息時，就必須由其他同仁代替完成，所以下屬是否到公司上班，將會造成很大的差異。因此，可以向下屬表達能到公司上班，就已經是貢獻之意。

根據工作內容的不同，有些事情可能下屬更為擅長。不習慣電腦操作的長官，應該也有必須請教下屬指導操作的機會吧！藉由指導，下屬可以獲得貢獻感。對於做不到的事情就承認做不到這件事，長官不能覺得羞恥。即使是拜託協助影印，也不能認為是理所當然，而要說聲「謝謝」。

如果長官能致力於向下屬傳達這些訊息，則下屬就能抱持著貢獻感。當下屬被

「感謝」時，可以感受到自己對公司（共同體）有所貢獻。可以如此地感受時，下屬會認為自己具有價值，而當人認為自己具有價值時，就能抱持著努力工作的勇氣。只要有勇氣，就可以順利完成工作。如此的話，就不會企圖藉由不做些有建設性的努力、重複著同樣的錯誤工作方法，來引起注意。

即便是如此地關懷照顧了，還是會有持續犯錯的狀況吧！但是，至少想要刻意失敗以獲取認同的下屬，會越來越少吧！如果下屬認為長官關心自己，就不需要刻意讓人看到失敗。

部屬無法完成工作要求

問題41

雖然對下屬進行獨當一面的指導，但完全沒有成果、常常宣告失敗。我該怎麼做才好呢？

——（40歲世代，男性）

承擔失敗的責任

下屬的工作是下屬的課題。總之，如果是工作方面做不好、無法提出成果等的狀況，只能由下屬自行承擔相關的責任。

承擔失敗責任的方法有三種。第一種是，盡可能地恢復原狀。雖然失敗必須回復到原始狀態，但是無法完全回復到原本的樣貌。

第二種是，如果有人因此而有情感面的傷害，就要道歉。如果失敗已經影響到顧客，就必須道歉。因為不可能光是道歉就能解決事情，所以也必須伴隨著第一種恢復原狀。

第三種是，為了今後不要再重複相同的錯誤，而進行該怎麼做的討論。根據工作內容的不同，有些是連一次失敗都不容許，但是沒有人不會失敗吧！長官過去應該也失敗過，更難保今後也不會再犯錯。事實上，學習不是在成功，反而是失敗才能學到更多。最重要的是，不要重複錯誤。因此，你該怎麼辦呢？必須要與下屬一同思考這一點。

失敗也是長官的課題

另一方面，當下屬在工作方面出現誤失、無法提出成果的情況時，長官也不是完全沒有責任。此時的情況，剛好如同學校老師不提自己的指導方式，而是對成績表現不佳的學生家長表示，「因為您兒子無法跟上教學進度，所以請增加在家自修的時間」，長官無可避免需要承擔下屬失敗的責任。因為長官的處理方式不到位，所以下屬才會失敗、無法提出好成果。

雖然下屬的失敗是長官的責任，但是為了不讓自己承擔失敗的責任，而在事前預防下屬失敗的長官，則是變成不斷地控制下屬，讓他不按照自己的想法做事。

那樣的長官不會關心下屬是否發揮實力，只是要做到自我保護而已。

相較於失敗，如果下屬更害怕長官斥責的話，也無法發揮能力。

將其作為共同的課題

根據以上內容為基礎，如果下屬屢次犯錯，長官必須在完成將下屬的失敗作為「共同課題」的手續之後，進行協助。因為下屬的失敗不僅影響到個人，也會連帶波及整個組織，所以不應該將下屬的失敗置之不管。

如果可以的話，必須在失敗出現前採取一些行動。因此，面對預料會出現失敗的下屬，必須在事前研擬對策。為此，在完成將其作為共同課題的手續之後，可以詢問下屬，他認為繼續維持現狀時，會變成什麼狀況。

但是，雙方關係不是很好的話，對下屬而言，那樣的表達方式，聽起來會像是諷刺、威脅恐嚇或挑戰吧！長官必須平時就逐步建立為了避免失敗、避免狀況，而與下屬進行討論。為了防範下屬的誤失於未然，絕對需要好的上下屬關係。因此，長官也不可一味地斥責下屬。只要雙方關係良好，下屬就不會往壞的方面解讀。

阿德勒表示，**「憤怒是一種拉開人與人距離的情感」**。有些人會說：「雖然我會教訓下屬，但我不會生氣。」或是，「雖然不可以生氣，但必須要訓斥。」我不認為有人斥責可以不生氣。在責備下屬時，一定會生氣。責備下屬、讓雙方方關係疏遠之後，更不可能做到指導下屬、協助完成工作。

總是無法提出成果嗎？

但是，不論是什麼樣的下屬，只要給予適當的指導，應該不會「總是」無法做出成果。

會認為下屬老是做不好、提不出成果的長官，總以為持續做出好成績是理所當然的，甚至當下屬無法提出成果時，可能都無法注意到那項事實。而下屬方面，即使失敗也希望被長官關注的想法，也很奇怪。我必須說，這也是一種不正常的認同渴望。

第6章

戀愛的拖拖拉拉

不想交男朋友

問題42

雖然我的身邊很多朋友都憧憬著戀愛，但是我沒有特別想交男朋友。

——（10歲世代，女性）

害怕受傷

我從年輕一輩裡聽到，認為戀愛很麻煩的人逐漸增加。雖然大家都說結婚年齡越來越晚，但現在就連結婚前一階段的戀愛，談都不想談的人，也越來越多了。當我們與某人產生關係的連結，即使對方是多麼親近的對象，或是戀愛關係的人，一定都會出現對方絕對不會照著自己的想法、意見不同、產生衝突等的狀況。

而且越是親近的人，越容易出現衝突。當你這麼想的時候，就完全可以瞭解為什麼年輕人認為戀愛很麻煩。打從一開始，就不能期待可以發展成「相親相愛真好」的關係。剛開始是處於摸索狀態，在還不瞭解對方的心情之下，開始兩人的交往，我認為這反倒是戀愛的喜悅。有人希望戀愛能開始於百分之百。如果是這樣的話，剛開始的戀愛就等於立即抵達終點。我不鼓勵運用手腕。我想將花時間培育愛苗這件事，當作一種喜悅。

別人不是為了滿足自己的期待而存在。即使是親密關係也一樣。因此，即便是向喜歡的人告白，也不能要求對方一定要接受自己的思念。即使開始交往了，也可能被背叛。如果已經預先想過這些情況，而像有些年輕一輩的人，會決定從一開始就不要談戀愛，也不是一件奇怪的事。

但是，人類無法在獨自一人的情況下感受到生存的喜悅，也無法變得幸福。我很想做一些事，讓年輕人不要覺得戀愛很麻煩，而具備投身戀愛的勇氣。

事實上，與其說是覺得戀愛麻煩所以不要踏入愛情，不如說年輕人是為了不要進入戀愛關係，才覺得戀愛是麻煩之事。

但也不是認為麻煩，所以逃避戀愛。而是害怕戀愛會傷了自己。有些人會認為，即使是剛開始交往的階段，也可能很快就分手了，所以還是不要太深入。那種人就像把蝴蝶結先打好活結，卻在不知不覺間變成了死結，更進一步地變成酢漿草結，而變成必須用刀子才能解開的狀態，他們即使沒打算深入，也不在意與對方的關係，因而變成了覺得麻煩的狀態。

戀愛不能由一人唱獨角戲。因為是自己和具有別種性格的他人交往，如果想要對方照著自己預期的結果回應、戀愛的一切都要照著自己所想的發展，這種想法，可說是相當怪異。

不僅限於無法順利進行

不論是戀愛順利進行或是不順利進行，自己都有責任，當然，對方也有責任。但是，兩人的關係絕不是一定會順利。

某位大學生表示，「在國小六年級、國中一年級那時候，雙親離婚了」。雖然他將那件事當做至今都不想和任何人戀愛的「原因」，但是他沒有發現，他只不過是將雙親離婚當做逃避戀愛的藉口。

他表示雙親離婚的時間點是「國小六年級、國中一年級」，姑且不論是不是發生在小時候的事件，但不可能不知道雙親離婚的時間點，是國小六年級或是國中一年級。對他而言，雙親在自己幾歲時離婚這件事，根本無關緊要。對雙親離婚這件事，只抱持著這種程度的關心，是因為他從以前開始，對人際關係也毫不關心。

雖然也有很多人說，沒有邂逅機會，但這也不是真相。甚至有人認為只要有邂逅，戀愛就可以順利發展，但實際上，也有人邂逅了卻感到困擾。即使有邂逅機會，也不表示戀愛就可以有所成果，但若沒有約會的話，就不需要努力經營關係也無所謂，所以會祈求不要在某處相遇。

害怕被討厭

問題43

因為我實在很喜歡他，所以害怕被討厭。實際交往後，我會隱藏自己的缺點，隱藏那些可能會被他討厭的行為，我想要努力讓他喜歡自己。但有時我不禁想，這樣的自己已經不是自己了。

——（20歲世代，女性）

如果是喜歡的人，就維持自己原有的樣貌

即使展現出不被對方討厭的樣貌，而得以交往，之後就如同妳自己也感受到的，喜歡對方的妳，已經不是妳自己了。不論是誰，都會想要在人前展現出有別於獨自一人的樣貌，但在喜歡的人面前，應該可以不用那麼小心謹慎，直接表現自己

原有的樣貌就好。也可以說，是喜歡能讓自己安心地展現出自己原有樣貌的人。

或許，短時間內可以辦到，但妳總是只讓他看到好的一面，這是不可能永遠持續維持下去的。

首先，妳是因為沒自信，所以無法讓他看到自己原本的樣子。妳認為那樣的妳，不可能被別人接受。再者，妳想像著如果展現出原有的樣貌，別人會認為那樣的妳不好，代表著妳無法信任他人。

更進一步地說，這代表著妳如此勉強自己，以期待被喜歡、被愛。要不要喜歡妳，是由他人決定，而妳能做的是無論別人怎麼看待妳，妳都要喜歡自己。

雖然說，幾乎所有的人都會想該怎麼做才能受到他人的喜歡呢？或是消極地想，該怎麼做才不會被討厭？但是，只要是如此的思考，只會變成配合對方。**如果總是說著或做著，不會被對方討厭的事情，你會漸漸地失去原本的自己。**

就連討厭的事情都忍受

問題44

因為我很喜歡對方、絕對不想分手，所以即使對他的言論及動作感到在意，也會忍耐。

——（10歲世代，女性）

不要忍耐

如果有在意的狀況，不要保持沉默，妳應該要說出來。只要忍耐著，就必須配合他，而妳將無法維持自己原有的樣貌。或許一開始妳可以忍耐，但總不可能一直忍耐下去，如果感到不滿依舊忍耐的話，或許不會出現衝突，但也不會讓雙方關係變好。

也許一開始不會出現在意的事情。即使有，應該也不會特別在意吧！但是，現在雙方的關係沒有順利發展，所以妳擔心一旦指出在意的點，會因此被討厭，更進一步甚至預感可能會分手。

與其說是在意，或許應該說是介意。與其說因為他的這些、那些言語舉動，導致擔心今後與他的關係會產生變化，不如說是，**先有了擔憂之後，才在他的言語舉動中尋找證明擔憂的證據，而這才是真實的情況**。如果想要尋找那樣的證據，其實妳馬上就可以找到。

討厭自己

問題45

即使他對我做了什麼討厭的事情，我都會認為是自己的錯。我很討厭這樣的自己。

——（10歲世代，女性）

要想著我還不差吧！

當妳試想著：「我還不差吧！」感覺如何呢？他所做的事不會都是正確的，假如是不正確的話，最重要的是，妳可以明確地傳達想法。

如果要說為什麼妳會認為「絕對是我的錯」呢？因為妳這樣想的話，就不需要指出他的錯誤。只要不指出錯誤，或許就可以避免被他討厭，但是以長遠的眼光來看，此舉無法改善雙方的關係。如果什麼都不說，他甚至不知道妳覺得不舒服，而繼續維持原來的樣子。

別人對自己做了討厭的事情，會認為責任都在自己身上的人，其實是屬於支配型的人。曾有家長為了孩子的事情來找我討論，表示：「都怪我，讓孩子變成這樣。」但是孩子成功的時候（基於什麼而成功呢？這是一個難以回答的問題），這樣的家長就會說：「都是託我的福。」實際上，這是孩子努力的成果，不是託家長的福。

如果雙方關係不佳，不代表問題一定在其中一方。道理如同以下的例子。當發生交通事故時，假如其中一方的車子是在停車的狀態下被撞，即使撞車的一方看似有很大的過失，但也無法認定停車的一方完全沒有責任。

交往很久的人

問題46

我有一位交往很久的對象。雖然我對他也有些不滿，但是一想到分手的話，又必須從頭開始、重新找對象……我就不禁覺得，維持現狀是否還是比較好呢？

——（30歲世代，女性）

如果有所不滿，就努力改善關係

如果對現狀有所不滿，就必須解決這些狀況。結了婚，不滿並不會自動消滅，也不會出現即使不努力挽留對方，也可以安穩過日子的狀態。

所謂長時間交往至今，是因為一直以來關係良好。雖然交往很久的人或許不是妳的理想對象，但是要分手的話，應該早就分手了。

如果對現狀有所不滿，就應該努力改善關係。**即使有所不滿，要是對方不知道是哪一點，妳的不滿絕對不會自然消失。**

變得不會感動了

問題 47

在與他交往的初期，兩人共度的每個瞬間，都讓我感到喜悅。但是，在不知不覺間，讓人感動的事情變得越來越少。我該怎麼做，才能永遠維持感動呢？

——（20歲世代，女性）

人不能兩次踏進同一條河流

即使每天看著相同的風景，只要看著那景色，心中便充滿驚喜，感動應該就不會減少。即使總是看著沒有特別美麗的景色，但觀賞的人，就算是每天看著相同的景色，只要抱持著新鮮感去觀賞，相同的景色也可以看出不同的風景。

古希臘哲學家赫拉克利特*有句名言：「人不能兩次踏進同一條河流。」相同的只有河流的名稱，不論是河流的流動，或是踏進其中的人，絕對都與先前不同。

當妳認為他永遠都是維持現在的關係時，或許最初讓心中小鹿亂撞的感覺就會漸漸消滅。但是，這種心跳加速感，並不會隨著時間而自動消失。

如果希望能永遠維持心跳加速感的話，可以試著經常回想第一次相遇的情況。實際上，今天與他相會的妳已不是昨天的妳，而他也不是同一個人。建議妳可以試試，在每一天開始的時候，都將今天當做是與這個人的第一次相遇。

譯註：‘ράκλειτος, Hērakleitos，西元前約五四〇年至西元前約四八〇年。

產生忌妒心的我

問題48

至今為止，我沒有忌妒過任何人。當然不是因為我不曾戀愛過，但是，即使看到喜歡的人與不認識的人談笑風生，我也不會感到忌妒。可是，當正在交往的他只是提到他人的名字時，我就覺得心頭一緊、難以呼吸。到底，在我的心中應該出現了某些變化。

——（30歲世代，女性）

為了證明有愛存在之誤解

若要說妳為什麼會忌妒，是因為妳將自己所愛的人視為「物品」。因為覺得對方是屬於自己的物品，所以當妳看到物品與他人親近，就認為自己的玩具被奪走了，而大吵大鬧。

再加上沒有自信的緣故，所以妳會不安地認為，「玩具」除了自己之外，或許還會喜歡其他人。如果是有自信的人，即使別人碰觸了自己的玩具，應該也不會產生任何想法。

男朋友或女朋友原本就不是物品，再加上其具有自由意識，不僅無法貼上屬於自己之物的標籤，當然也不可能用繩子綁住。

為了從這樣的情緒中解脫，妳只能讓自己變得更有自信。雖然妳可以拜託對方，希望他只專注在自己身上，但實際上，大多數的人都不喜歡被束縛。

戀愛中的人是否一定會產生忌妒的情緒呢？答案是否定的。如果是正視愛人性格的人，不會感到忌妒。

在此層意義之下，至今為止妳未曾忌妒的理由，是因為妳過去的確是愛著那些曾經交往過的對象。但這次會有忌妒的情緒，理由是儘管妳並不愛他，但因為需要（我不知道妳需要的是什麼），所以出現平常的妳不會出現的忌妒情緒。

友情與戀愛的差異點是什麼？

問題49

我有一群認識很久的男性朋友，一開始我們是社團夥伴，也一起度過許多時光，但是我無法將他們視為戀愛對象。友情與戀愛的差異點到底是什麼？

——（10歲世代，女性）

是否考慮下一步

判斷友情與戀愛的差異基準是，當你們一起度過愉快的時光之後，是否會約定下次的碰面時間。如果是朋友的話，雖然也想再碰面，但只需要想碰面的時候再約即可，沒必要一定要在分開前，約定下次碰面的時間。

雖然有時也就這樣好幾年沒再見面，但並不會認為碰不到面是一件痛苦的事。下次碰面的時候，也不會受到長時間沒見面而影響，還能彷彿昨日才剛見過般，馬上又能以親密的言語交換資訊。

而戀人們則會約定下次碰面的時間。長時間沒見到對方，內心就會不安。即使見不到面，也要不斷地聯絡才能感到滿足。兩人都會勤於傳送訊息，如果是「愛寫信者」（現在可能是不常用的詞彙了）的話，應該就沒有問題，如果兩人傳送訊息的頻率相差太大的話，沒有回覆這件事，就會被當作是不熱衷於愛情，或是對愛情不誠實的證據。

雖然先前寫到，這樣的事情就是區別友情與愛情的基準，但是，分別時沒有約定下次碰面的時間就會感到不滿，或是僅只是回覆晚了就感到不安，是因為關係發展得不順利。

假如兩人在一起度過的時光是充實的，就不會思考「下次」的事情。即使分開後才注意到沒約下次碰面的時間，應該也不會認為下次就碰不到面，正因為原本兩人碰面的時間不足、且未盡興，所以才會想在下一次碰面時努力補足。

如果是朋友的話，絕對不會約下次碰面的時間。因為我們無法「綁住」朋友，而且也沒必要。下次與朋友碰面之前，朋友應該跟很多人見過面，但是，我們不會因為這些事情而忌妒。

假設妳的戀愛對象不跟妳見面，卻和其他人聚會，而且聚會的對象不是工作上往來的人、是女性的話，妳會更加地忌妒、憤怒。但是，不論是戀愛對象或是其他的任何關係，每個人都沒有必要被拘束行動。假如出現忌妒的情緒，就如同剛才強調過的，是因為妳沒有將對方視作具有自由意識人格的人，而是當做「物品」。

當妳如此思考時，雖然一味關注在友情與愛情的差異，但兩者是非常相近的，與其說對戀愛對象及朋友付出的感情不同，不如說戀愛的基礎、根基於友情的看法，比較能理解。

總之，**擁有將對方當作朋友般尊重、不束縛住對方等基本思想的愛情，才是真正的愛情，將對象「物化」產生的嫉妒情感，不僅不是愛情，更什麼都不是。**

失戀的人可以獲得拯救嗎？

問題50

當多位男性喜歡上同一位女性時，落選的男性可以獲得拯救嗎？

——（30歲世代，男性）

戀愛沒有勝負輸贏

假如你所謂的「落選的男性」，意指沒有被那位女性喜愛的話，他也只能努力成為將來會值得那位女性喜愛的人。

假設你愛著那位女性，你的感情應該不會因為那位女性選擇了別人，而減少你對她的愛。這裡的問題只有你是如何地愛著那個人，至於是否受到那人的喜愛，則不是問題。所謂如果不被愛就不去愛，就像是工作交易。只要沒有被愛這個擔保，就不做告白愛意的事情，只要對方不回應自己的心情，就改變看待對方的態度，若是如此，你看起來就像是一個爭奪玩具的孩子。

不管獲得拯救或是其他補償，那位女性都沒有義務滿足你的期待，即使你沒有被選擇而感到失落、絕望或受傷，也只能由你自己排解。

只要展開新的戀情，你就可以擺脫現在的情緒，完全忘掉失戀的事情吧！但是，即使你找了別人，只要心中仍存有被那個人所愛的想法，相同的狀況則一定還會發生。

如果你是贏得那位女性愛情的人，這個問題看起來像是瞧不起敗選的人。戀愛沒有勝負輸贏，不會因為被選擇，而提高自己的價值。你擔心其他失戀者的這個舉動，是多管閒事。

無法讓女友幸福

問題51

雖然我想要與交往中的女朋友結婚，但因為還沒有固定的工作，所以沒有自信可以讓女朋友幸福。

——（30歲世代，男性）

兩人同心協力就可以達到幸福

不是你要讓女朋友幸福。女性希望男友讓自己幸福的想法也是奇怪，應該是要兩人同心協力一起變得幸福，不論是哪一方要讓對方幸福，或是讓自己幸福，都沒有這回事。

結婚，不是幸福的結局（雖然沒人敢說是「不幸福」），只是幸福的開始。只要持續不斷地努力改善關係，或許圍繞著兩人的狀況也會改變。如果認為對方是「和這個人在一起，即使發生任何狀況，都可以擺脫」的人，結婚也沒關係。

所謂還沒有固定工作，只不過是猶豫要不要結婚的理由。只是為了將不結婚的行為正當化，而說還沒有固定工作。

沒有男友的消息

問題52

最近他都不會主動聯繫。我不禁懷疑他是不是和其他女人有什麼？我該怎麼做，才能擺脫這種煩悶感呢？

——（10歲世代，女性）

不是看對方怎麼想

不論再怎麼樣忙碌的人，應該不會忙到連寫一封信的時間都沒有，雖然我不認為他沒有主動聯繫是個好兆頭，但是否也可以由妳主動聯絡呢？

假如妳逃避主動聯繫，表示妳害怕知道真相。讓事情明朗化比較好吧！如果藉此可以知道他和其他女人沒「什麼」，那就很好，即使有「什麼」，應該也不會簡單說句「原來如此」，就放棄他吧！

即使明確知道有「什麼」，也不要譴責他，只要詢問他「該怎麼做，才會像以前一樣愛我呢」就好。

但是，他是怎麼看待妳的這個問題，原本就無關緊要，妳只能愛他。**如果沒有他愛著妳的證明，妳就不要愛他的話，那就是買賣，無法說是愛情。**

女友急著結婚

問題53

我從學生時代開始至今，已經和女友交往了八年。雖然女朋友很清楚地表示想結婚，但老實說，我覺得工作才剛上手、且還沒享受單身的自由，所以不怎麼想結婚。但就算這樣，我也不忍心對她做出移情別戀的事情。我該怎麼辦才好呢？

——（30歲世代，男性）

是否只考慮自己呢？

有人會認為結婚之後自由會受到限制，因為想要充分享受自由，所以無法踏入婚姻。前文也是相同的狀況。確實，如果所謂的自由，是指照著自己的想法隨性過日子，只要和某人一起住的話，在這層意義上的自由就會立即被奪走，這是事實。

假如分房睡的話，狀況會有些不同。同睡一間房間的時候，一些小細節也都會讓人忍不住感到在意。即使睡前想要看點書，但是對方習慣關燈睡覺的話，則必須遵從。像這種細微末節的事情，只要經歷過各種無法照著自己的想法生活的狀況，即使有些人認為結婚會剝奪自由，也不是奇怪的想法。

認為無法享受自由而不結婚的人，只是將失去自由當作不婚的藉口。認為結婚之後就無法像婚前一樣工作、因而不踏入婚姻的人，也是將工作當作理由。

剛開始是先決定，「結婚嗎？不結婚嗎？」之後因為需要證明要結婚或是不結婚決心的理由，所以尋找出最適當的理由。所謂因為結婚就無法像一個人生活那樣自由自在、無法享受足夠自由的說法，太過理所當然了，故而無法當作具有說服力的不婚理由。或許將工作當做不結婚的理由，還有點能被理解，但總不可能永遠都說「工作才剛上手」，就可以解決。

最大的問題在於，結婚會限制自由的想法。只要認為共同生活是痛苦之事，就無法結婚。此外，你所謂「不忍心移情別戀」這個說法，即使被說是過於任性，也是沒有辦法的事。

第 III 部

壯年的挑戰

‧

老年的惶恐

結婚的戰戰兢兢

來自雙親的壓力

問題54

與我沒有住在一起的雙親反對我跟現任對象交往，也不喜歡他的工作，他們幾乎每天都會為此打電話或是傳訊息。

因為我男友不是上班族而且曾經結過婚，所以會被父母反對是理所當然的，但是我該怎麼做，才能降低父母施加的壓力呢？一想到父母，是因為愛我所以才擔心反對，我就無法不講情面地反駁他們。

——（20歲世代，女性）

無法避免父母的抗拒

活出自己的人生道路，與順著父母的期待，無法同時成立。當父母支持自己走出的人生道路時，或許可以滿足父母的期待。但是，那種情況只不過是自己活出人生道路的作法，湊巧滿足了父母的期待而已，如果要活出自己的人生道路，不論被贊成或反對，都不需要將雙親的期待列入考量。

在大多數情況下，當孩子想要從事自己想做的工作，或是跟自己喜歡的對象結婚，都無法避免雙親的反對。即使父母一剛開始是反對的，但將來都會理解，不論是誰，做父母的彷彿都會認為，反對孩子選擇的對象是職責所在，做父母的一定都會反對。

但是，就算父母多麼激烈地反對，我建議妳要甩開他們的反對、依照自己的規劃生活。甩開父母的反對做自己想做的事、跟自己喜歡的人結婚，一切就一定能順利發展嗎？很遺憾地，當然不會有那樣的保證。但是，就算無法順利發展，也不會是因為對方的工作或是結過婚。

不論與什麼樣的人結婚，只要知道建立人際關係的方法，即使關係無法順利發展，也可以自己解決。如果是兩人關係無法順利發展，提出父母反對的理由，情況就會變得複雜。兩人的關係是否能順利發展，與是否遵從父母的想法，毫不相關。

雖然遭受反對，但是請相信幸福的日子總會到來，你要好好地與現在交往對象努力經營好關係。

雖然話這麼說，但事實上，父母的擔憂不僅僅是為了增加孩子的困擾。如果試著說出，「謝謝你們為我操了那麼多心」，父母的態度可能會軟化。

我比較擔心的是，妳說：「因為他不是上班族而且又結過婚，所以會被反對是理所當然的。」這一點看起來像是，妳從一開始就抱持著與父母相同的價值觀。假如他是妳想要結婚的對象，被父母以不是上班族、結過婚的理由反對，為什麼妳會認為是「理所當然」呢？這點我無法理解。

如果是真心愛著的人，當父母反對時，希望妳可以有自信的想，今後要結婚的人是不是上班族，有什麼不對？結過婚，又有什麼問題呢？

可以和任何人結婚嗎？

問題55

我聽到朋友說：「只要學會愛人的技術，就可以和任何人結婚。」而感到吃驚。那種事有可能發生嗎？

——（20歲世代，女性）

必須要有愛人的技術

多數的人認為只要有邂逅的機會，就可以戀愛，也可以結婚。甚至只要有對象，戀愛就會成功，就可以結婚。

如果會說出，「雖然我喜歡你，但討厭那個人」的人，被這樣的人喜歡，應該也會不安地想著，雖然現在偶然被愛，但不知道哪一天自己也會變成「那個人」。

只能喜愛特定人士的人，實際上也無法愛著那位對象。只有喜愛任何人，才能喜愛特定的人。

即使邂逅了夢寐以求的對象，但是，其中一方或是雙方，只考慮要對方為自己做某些事，就一定會遇到瓶頸。交往只是開始，即使結婚了，只要不知道愛人的方法，就無法建立良好的關係。

愛人是一種能力，是一種技術。不知道愛人方法（不是「被愛」）的人，因為原始的出發點就不是「愛人」，而是「被愛」，所以只會考慮如何被愛，幾乎可說在戀愛開始之前，就知道今後兩人的關係會如何發展。

問題不在於與這個人戀愛就會順利，或是與這個人交往就不會順利。擁有愛人能力的人、知道愛人技術的人，基本上應該可以和任何人結婚。

但是，即使被這麼說，還是會有人認為戀愛就算了，但不可能和任何人結婚吧！阿德勒說，**區別戀愛、結婚與其他關係的條件，在於是否受到身體的誘惑**。

但是，不論年輕是如何俊俏的小鮮肉、美人，容顏也會隨著年齡的增加而衰老。有時也會因為生病或事故，而讓身體出現殘疾。應該不會因為對方老化或是生病，導致外表出現重大變化，就不愛了的人吧！假設有人因此而感情生變，那樣的人根本沒有愛對方，只是被他具備的條件所吸引。

阿德勒說，另一方面，**即使隨著年齡增加，關係良好的夥伴仍會受到身體的誘惑**。戀愛及結婚的必須條件，不是和誰邂逅或外在條件的吸引。只要決定愛這個人、和這個人結婚，並且知道愛人的方法，那麼和誰都可以結婚這件事，就未必是荒唐滑稽的想法。

結婚後男友性情大變

問題56

直到結婚前，我都覺得男友是「付出型」的人。因為他非常溫柔，而且容忍我的任性。但是結婚不久，我發現在他溫厚的外表之下，似乎隱藏著激烈的性格。例如，他會因為枝微末節的小事，而感到焦躁，甚至會摔東西、打我。雖然他平常也會對我溫柔說話……我煩惱著要離婚、還是不要離婚。

——（30歲世代，女性）

以言語要求改善

我不認為有人即使結婚了，也會表現得婚前完全相同。為了與對方結婚，通常會拚命地付出。

妳承認結婚前，他會容忍妳的任性。雖然他在婚前某種程度上容忍了妳的任性，不代表他在婚後，也會像婚前一樣容忍。他認為結婚了，所以不需要再留住妳，於是漸漸地出現無法忍受妳的任性及改變態度等行為，這是可以理解的。

丈夫的態度會在婚後改變。只要結婚了，馬上就會鬆懈。例如，丈夫會在公司說太太的牢騷話。結婚之後，不像婚前那樣客氣。此種態度的變化，不是他的性格問題，而是因為結婚之後，兩人的關係改變了，所以才出現的狀況。

結婚之後的變化，也不全然盡是壞事。但是，改變過度而出現了焦躁、打人或摔東西的行為，絕對不是好事。像打人這種狀況不應該被容許，是一個大問題。

在這種時刻，不是只有妳改變行為模式就可以解決。**妳希望他改進的部分，必須明確地要求；同時可以試著詢問，是否也有希望妳改進的地方。**

因為妳是用溫柔的言語表達，希望獲得更多的關注。就他而言，妳用溫柔的口氣說出，妳對他沒注意到的地方感到不滿。雖然那是一種認同的渴望，用溫柔的言語說話時，可以試著說：「你能這樣對我說話，我真的很高興。」「任性」的妳，即使用溫柔的語氣說話，也不會認為是「理所當然」吧？

價值觀不同

問題57

我結婚已經一年了。但最近，我開始在意與妻子很多方面的價值觀都不一樣。不僅是價值觀而已，彼此的個性也差異頗大。今後可以順利進展嗎？

——（20歲世代，男性）

是否能順利進展，要看你自己

對於婚後才注意到價值觀及個性都不同，我覺得非常不可思議，恐怕是，你在結婚之前或是剛結婚後不久，沒有注意到彼此的價值觀及個性不同，或者是雖然注意到了，但差異還沒變成造成很大的問題。

現在會開始在意差異這件事，可以解釋的理由有兩點。第一，為了正當化與她的關係不如期望。因為夫妻雙方的價值觀及個性不同，所以關係無法順利發展。

實際上，不論婚前或是現在，她都沒有改變。改變的只有你的心情而已。即使個性相同，你也會認為不同。雖然你以為連細節都可以照顧到，卻拘泥於細節的習慣。關於丈夫的部分，雖然先前妻子以為丈夫是個溫柔的人，也可能在關係變差之後，認為丈夫是個優柔寡斷的人，本以為值得信賴，卻是一個具有支配慾的人。

另外還有一個可能性是，你比以前更關心她。對於不怎麼關心的對象，即使與那人的價值觀及個性迥異，也不會變成大問題；而且沒必要維持長久關係的時候，差異也沒什麼大影響。如果是職場上的人際關係，只要能夠幫忙完成專案計劃就好，即使價值觀與個性不同，離開職場之後，就不需要考慮職場夥伴的事，當然也不用成為朋友。

雖然話這麼說，如果是婚姻伴侶的話，為了一起生活而在意價值觀及個性的差異，是理所當然的。但是，將差異作為關係不佳的理由，才會只注意到差異點。

雖然我們原本就不認為存在著價值觀與個性完全相同的人，但是，只要和相同價值觀、個性接近的人一起生活，就可以得到幸福嗎？這絕對不是不辯自明之事。

雖然多數人都認為，如果感覺、思考方式接近，就不會驚訝於彼此的差異點，任何事情也都可以順利進展，但事實上，沒那麼簡單。

我年輕的時候，曾決定要考取汽車駕照。當時上課的教練場，是採取專人責任制。總之，不是每次都接受不同教練的指導，而是直到學習結束前，都是由同一位教練教學。

我在上課之前，曾接受心理測驗。這是為了確認，學員符合五種學習類型之中的哪一種。教練們也接受過相同測驗。簡單來說，就是要將同類型的教練與學生配對在一起。但是，我覺得當不相識的兩個人，一起待在狹小密閉空間的車子裡一個小時之後，與其說輕鬆，不如說是透不過氣來。對於與教練個性相近的我來說，我很清楚教練雖然沒有對我不熟練的開車技術聲色俱厲，但是他在生氣。

我想婚姻應該也一樣。兩個不同的類型的人（儘管是順道一提，阿德勒認為每個人都是獨特個體，所以反對將人做出分類），雖然確實較難理解對方，但是與感受方式、想法不同的人一起生活，反而因為不同而顯得有趣，並且驚訝於如果是我就不會這麼想、雖然我不會這麼做但原來也可以這麼思考呀。要說相較於一個人的生活，人生變成兩倍的豐富，也不為過。

此外，如同在其他問題也說明過的，**你必須知道理解與贊成是兩碼子事。理解想法與自己不同的人或是企圖理解的舉動，不代表一定是贊成那個人的想法。**就對方而言，即使自己的想法不被贊成，但只要知道不是被隨意地否定、展現出企圖理解的姿態，就能改善關係。

而且，想法差異並非固定不變，會根據討論而出現變化。個性也是取決於和他人的關係。應該很多人都曾經歷過，自己在不同的人面前，會表現微妙、但明顯的差異。不論是職場中的我、朋友面前的我，或是家庭中的我都不同，在任何的場合，都不盡相同。

若是如此，即使目前兩人的價值觀及個性不同，但根據彼此關係的改變，不會一直維持原貌吧！就算還是一直維持著差異，至少我們變得能接受那些差異。

後悔早婚

問題58

我幾乎沒有和丈夫以外的男人交往過，不知不覺間早早就結婚了。當我看到享受著單身貴族生活的朋友，就不禁後悔地想，「啊！當初要是盡情玩樂就好了。」

雖然丈夫絕對不是壞人，但是，說到是不是「真命天子」時，老實說，我無法自信地斷然回答「是」。另一方面，我身邊有一位讓我覺得，「真希望在年輕時候與這個人相遇……」那種夢寐以求的男性存在。雖然，我很想試著讓人生重新來過，但這是奢侈病吧？

——（20歲世代，女性）

人生無法重新來過

只要結婚了，確實就無法像單身時代那樣自由的生活。但是，那應該是結婚前，就可預想到的情況吧？對自己來說，在某種意義上，正是認為結婚能帶來正面價值，才想要結婚。

沒有所謂的「真命天子」

但是，想要跟他一起走出人生道路的人，就有可能成為真命天子。因此，妳必須要努力地培養關係。所謂與「真命天子」交往，一切才能順利發展，根本就不存在。

雖然妳現在身邊有一個夢寐以求的男性，而讓妳想要人生重新來過，但是，並不是因為妳與那樣的男性邂逅，所以對目前的婚姻不滿。只是因為妳對目前的婚姻不滿，所以將那位男性當作理由。

從「啊！當初要是盡情玩樂就好了」這句話可以得知，問題在於妳認為結婚限制了自由。結婚後不可能像婚前那樣的生活。

假設，即使能和那位想在年輕時相遇的男性重新來過，**只要妳還是認為結婚是一種束縛，相同狀況一定會再度發生**。只要活在可能性之中，就不需要面對現實。實際上，試著一起生活後，或許就會幻滅，而且也一定會幻滅吧！

妳只要試著找出現任丈夫的優點，妳一定可以找到的。我認為沒有比「絕對不是壞人」，更令人夢寐以求了。

丈夫不幫我

問題59

結婚到現在五年了，我也想要孩子，但一直與孩子無緣。雖然丈夫也會說：「如果有孩子就好了。」卻不幫忙，如果再繼續維持現狀，我將會一輩子都沒有孩子。

我該怎麼做，才能獲得丈夫的幫忙呢？

——（30歲世代，女性）

首先要做的是讓關係變好

雖然我能瞭解妳想要孩子的心情，但兩人生活一直圍繞著生孩子，則很難獲得丈夫的幫忙。婚姻生活的目標不是要生孩子，要不要試著從關係變好開始呢？

為了讓關係變好，必須讓兩人的意識暫時從孩子之事離開。如果維持現狀的話，因為妳無法如預期得到丈夫的幫忙，所以生不出孩子，就會變成責備丈夫的理由。若是如此，或許丈夫就不會想要主動幫忙，如果他覺得幫忙就代表認輸，最終妳將無法得到他的幫忙。

兩人的人生並不是有了孩子之後，才算得以完美。即使沒有孩子，也是完美的人生，現在不是為了將來有孩子的準備期。雖然我瞭解盼望孩子誕生的心情，如果對尚未出生的孩子寄予過度的意識，則會錯失眼前的丈夫，以及今日的幸福。請將與丈夫和睦生活之事當作第一優先。

沒有對話

問題60

我與愛說謊、不斷借錢的丈夫，越來越沒話說了。雖然我知道不說話不是一件好事，但是只要一對談，我就會不斷地發牢騷：「不要說謊、停止借錢。」所以一想到要跟先生說話這件事，我就變得很踟躕。

——（40歲世代，女性）

兩人同心協力解決

如果只要對話就會吵架，而希望不要對話，但是不對話，就不知道對方在想些什麼，所以也無法改善關係。為了改善兩人的關係，必須開口討論關於說謊及借錢之事。因此，不能避免相關的話題。

話雖這麼說，如果談話總是圍繞著那些話題，是會讓人透不過氣的，有錯的他，必然會對說著正確言論的妳感到厭煩。即使他重複出現說謊、借錢的情況，應該也有沒有出錯的時刻。直到那種時刻之前，不會只有說謊及借錢的話題。

當然，我不是說忽視問題是一件好事。雖然說謊或是借錢，都是他的問題，但是只要結了婚，就必須兩人同心協力解決。如果兩人關係不佳，將無法解決眼前面對的問題。

妳可以**將「該怎麼做，才能讓雙方關係變好」一事，當作兩人對談的話題**。可以藉由那樣的討論引出主題，再進行談話就好。

一天到晚想死的丈夫

問題61

我的丈夫日前被診斷出患有憂鬱症，而停職休養中。他似乎沒有事情可做，每天都活在痛苦中、無能為力的樣子，屢次說出「想死」這樣的話。

由於我自己有工作，所以目前的生活沒有問題，但是當我回到家，看到丈夫憂鬱的表情，及幾乎沒有生氣的模樣，我就很痛苦。我該怎麼做才好呢？

——（30歲世代，女性）

看不到生產價值

男性很少會去諮商。因為很多人都會覺得，為何我一定要聽你的話。當工作遇到瓶頸時，也不會與任何人商量。所以，有不少人是在某一天「啪地」一聲，像斷掉般倒下。找人商量的行為，絕對不是展現出自己的脆弱。

當只以生產做為自我價值的人，因為生病而無法工作時，常會覺得自己毫無價值了。尤其，男性在這方面的傾向更強烈。

妳必須向丈夫傳達出一個訊息，就是對妳而言，即使丈夫目前沒有工作，也不會因此而減損他的價值。雖然不知道會停職休養到何時，但是希望他認為，**目前不是復職前的暫時性生活，目前的生活就是全部。**請幫助他可以那樣思考、心情平穩地度過每一天。

即使當妳回到家看到他憂鬱的表情，也不能關注在他的表現。所謂「幾乎」沒有生氣的樣子，僅僅只是妳是那樣地看待他。**不會有人每天的情緒都相同，他應該也會有稍微湧現精神的時候。但是，如果妳認為他「幾乎」沒有生氣的話，妳就會錯失了他提起精神的瞬間。**

現在，妳的先生決定不可以有精神。因為一旦提起精神的話，他就必須工作，而且為了讓妳理解他目前不想工作的狀態，所以變得憂鬱、訴說著「想死」這樣的話。他自己本身也想相信自己是這樣的，因此而無法工作。

但是，在漫漫人生當中，不想要工作的日子會再三出現。我希望大家瞭解，當那種時候出現時，不需要為了將不工作的情況正當化，而變成憂鬱症。正因為如此，妳不可以過度關注於他的病況。

為了讓他興起回到職場的念頭，要讓他認為自己還是有價值的。為了讓他那樣想，希望他認同現狀的他，在目前的狀態下也有價值。陪在身邊的妳，可以幫助他如是思考。只要向他表示，無關乎他有沒有工作，只要能與他共同生活就讓人很開心。例如說一些，「和你在一起很開心」之類的話。

如此這般，如果能出聲**關注於存在本身（活著的這件事），而不是他的行為**，他就能學到，即使沒有工作、現在的自己也可以對妳做出貢獻，於是他就能認為自己有所價值，而能鼓起勇氣再度出去外面工作。

總是訴說痛苦過往的丈夫

問題62

我的丈夫總是沒完沒了地說著過去的事情。例如，他的童年很貧窮，所以有痛苦的回憶，被老師欺負，或是父母常打他等的經歷。當那種時候又出現時，我都不知道該怎麼回應才好。有一次我說：「你很痛苦吧？」他卻回我：「妳無法瞭解！」

——（40歲世代，女性）

詢問該怎麼做才好

當妳對正在說著過去痛苦經驗的人表示「你很痛苦吧」，或是「辛苦了」，有些人會如同妳丈夫般回話：「妳無法瞭解！」反而更讓人感到困惑。雖然妳會想，如果你要那樣回話，不要講那些事情不就好了？但是，當妳不知道怎麼回應、又面對訴說著過去痛苦經驗的丈夫，最安全的方法就是試著詢問，例如，「你希望得到怎樣的回應呢？」之類的話語。

當別人對你說「希望你聽我說話」時，只要聽他說就好，當對方說「希望你給我一些建議」時，只要提供建議就好。雖然說「希望你給我一些建議」，這樣的可能性很小，但是「希望你給我很多建議」，也是讓人很困擾。

當妳回他，「很痛苦吧」，最終會讓對方認為，至今為止的人生真的全都是痛苦的事情。即使妳無法提供建議，我認為可以說一些，例如，「或許你面對的是一個辛苦的人生，但是我認為你很勇敢地擺脫了人生的困境」。

妳也可以問，「我想聽聽關於你不是痛苦回憶的過往經驗」。此外，因為希望他可以發覺到不要老說過去的事、說一些無聊小事也相當有趣，會覺得試著努力改變話題也不錯吧！

妳丈夫會說痛苦經驗的行為，是一種不正常的認同渴望。會盡說些那種言論的理由是，因為現在工作發展不順遂，所以希望能讓妳認同不順遂的原因，在於過往的經驗。正因為如此，所以妳不可以回他，「很痛苦吧」。

因為妳被理所當然地反駁「妳無法瞭解」，或許藉此得知，就算現在有什麼問題，其原因都不會在過往的經驗。

關於他目前面對的問題，很遺憾地，妳什麼都做不了，只能傳達出「你只要維持現狀就好」的訊息。

離婚注意事項

問題63

我結婚剛滿一年，但是無法建立彼此期望的夫妻關係，現在正朝著離婚進行討論。離婚的時候，我需要注意哪些事情呢？

——（30歲世代，男性）

再次試著努力改善關係

因為你們已經開始討論離婚，所以即使我想試著勸你，讓「離婚」先停留在思考階段，或許你也聽不下去，但是你值得再次試著努力、用心改善關係。

會走到考慮離婚這個地步，並非是兩人的愛情不夠堅強，原因之一是，因為不知道建立良好關係的方法。另外一個是，因為兩人沒有抱持著相同的結婚目標。我認為關於你們兩人期望藉由結婚得到何種目標這一點，想法並不一致。

大多數人都沒有接受過愛情關係的訓練。雖然我已經多次強調，但是若說到愛，很多人認為是被愛。尤其是從小開始，父母都會滿足自己所有的期望，如果照阿德勒的說法，**接受「放在銀盤子裡」長大的人，即使成為了大人，與其說他們可以為對方做什麼，不如說都只會考慮對方可以為我做什麼。**

在戀愛裡的情況也是一樣，不關心愛人的事，而希望被對方所愛。當兩人都這麼思考的時候，結果會慘不忍睹。

目標不一致，也會造成兩人的關係不佳。雖然應該在婚前徹底清楚地討論，藉由結婚想做些什麼、希望變成什麼模樣，但是，就算現在開始商量也不遲。即使過去曾經討論過，但是開始婚姻生活之後，也必須修正軌道。

不要對孩子說伴侶的壞話

當然，如果兩人在離婚這件事目標一致的話，這也是一致的目標。假設要離婚的話，有些事情必須要注意。因為你們結婚剛滿一年，或許還沒有孩子，如果有孩子的話，絕對不可以對孩子說，「因為爸爸（媽媽）是那種人，所以媽媽（爸爸）要和爸爸（媽媽）離婚」的言論。對孩子來說，即使父母離婚，今後永遠都是自己的父母，所以就算父母離異，沒有道理讓孩子與父母的關係惡化。

或許，對打算分手的兩人說這些話會惹來憤怒，但是離婚之後，也不是不能以朋友的身分來往。如果可能的話，考慮今後的發展，希望能在沒有痛苦、和平的情況下分手。

育兒的吵吵鬧鬧

無法原諒怠惰的歐吉桑

問題64

我將孩子安排在幼兒園而自己去上班。雖然我不是特別喜歡現在的工作，一旦辭職，就難以正職員工的身分再度就業，所以我拚命努力工作。早上，我先騎腳踏車送孩子到幼兒園再搭火車上班，在公司則是連上廁所的時間都覺得可惜、直到下班前一刻都努力工作著，結果連接小孩都會遲到。

不知道是不是因為這個原因，我衷心無法原諒那些歐吉桑員工，因為要抽菸、很稀鬆平常地離開座位十、二十分鐘的行為。這樣的我，是否心胸過於狹窄呢？

——（30歲世代，女性）

交給上司或是自己勸告

就職場而言，有稀鬆平常地進行長時間休息、離開座位的人存在，是扣分效果，應該也不能對那樣的行為視而不見。但是，要進行改善這件事的人，與其說是妳，不如說這是長官的課題。如果長官不知道那樣的人存在，則必須要報告。

雖然同樣是歐吉桑員工，應該也有不偷懶、努力工作的人，妳可以在有工作態度的人在場的時候，以工作問題或是職場整體性的角度，提議修正規則。

雖然不是說不能以員工的身分，勸說表現出那種態度的歐吉桑員工，我也認為勸說是一件好事，但是必須與珍惜時間、努力工作……等心情切割。妳是不是為了養育小孩，而在十分緊迫的狀態下工作，都與那件事無關，所以要擺脫那件事之後，妳才可以進行勸說。

這樣做的話，就算當下歐吉桑員工不聽妳的勸，妳也不會出現，「為何我要這麼辛苦地努力，這種事情可以被接受嗎？」這種帶有情緒的想法，而能冷靜地提出對策、解決問題。

問題65

希望雙親幫忙，被拒絕了我就生氣

當我希望雙親幫忙而開口拜託時，被他們拒絕了，我感到十分生氣。在這之前也是，保姆的時間無法配合，我很希望將孩子寄放在父母那裡，但是卻被拒絕，「那天有排練，所以不行！」我一聽就生氣了。因此跟他們吵架了。我該怎麼做才好呢？

——（20歲世代，女性）

別人的幫忙是好意

沒有人可以光靠自己的力量完成所有的事情。因此，妳理所當然必須尋求他人的幫忙。但是，別人不是為了滿足妳的期望而存在，所以即使試著拜託別人「希望你幫忙」，別人也沒有必要一定要接受妳的求救訊號。

反而是不接受的情況比較多吧！假設別人可以幫忙時，那終究是別人的好意、善意，而不是義務。因此，即使提出「希望你幫忙」卻被拒絕，也沒有理由生氣，但是有些人會因為求助被拒絕而生氣。他們會認為自己都已經展現出如此笨拙的一面、這麼請託了，對方還是拒絕，真是太過分了。

總之，依賴型的人當別人照著自己的想法動作時就會興高采烈，會說一些他遇到很多好人之類的話，但是這只限於別人照著自己的想法，一旦有不聽從自己的請託之人出現時，他就會變得情緒不佳、依據狀況有時還會情緒暴怒。

為了不要憤怒的方法只有兩種。

第一，不要求助他人。再度確認那個求救訊號，是否真的是無法靠自己的能力完成之事。如果是可以自力完成，因為可以不用求助於人，不求助的話，當然就不會被拒絕，因而也不會生氣。時常依賴父母、不會仰賴他人，是否就認為父母理所當然要接受某種程度的請託呢？

明明可以自力完成，有些人就是會從一開始就尋求他人的協助。阿德勒稱這種人為：「壓榨他人社會興趣的人」。所謂的社會興趣，由其英文翻譯詞「social interest」可得知，意思為「對他人的同理心」，對他人有同理心的人，當遇到別人向他求助時，因為想要盡力幫上忙，不僅不討厭提供援助，還能感受到幫助他人的喜悅。

不可以依賴別人的好意及善意。即使被拜託幫忙，如果那件事很明確是對方可以自力完成的話，援助的一方不能接受請託。實際上，有時會難以拒絕。對於害怕可能因為拒絕而被討厭的人來說，應該會感到更加困難吧？就連無法拒絕別人請託的人，都會被指責只關心自己，但「壓榨他人社會興趣的人」，則會動搖擔心被討厭的人內心的不安。

如果是可以自力完成的事情，為了對方好，即使被請託了也要拒絕，就算因為拒絕而產生摩擦，也要斷然拒絕。

被拜託幫忙的人也必須嚴以律己。在真正的意義上，如果是具備社會興趣的人、總之就是具備同理心社會興趣的人，不會因為被拜託就無條件接受。**有時候，幫忙並不是為了對方好。**

將話題轉回拜託別人幫忙的這邊。**重要的是清楚分辨，是否連可以自力完成的事情，一開始就覺得做不到而放棄呢？是否輕易地就拜託別人幫忙呢？**

在你想清楚之後，如果是無法獨自完成的事情，即可尋求他人的協助。但是，如同剛才已經解釋過的，即使拜託他人幫忙，也可能會被拒絕，所以你還是只能慎重地請託。

雖然我試著寫出以上的內容，實際上，很難輕易地劃分幫忙或是不幫忙。有一個指導方針如下。只要是可以自力完成的事，就不尋求協助。另一方面，如果別人提出請求協助，盡可能地幫忙。假如大家可以遵照這個指導方針生活的話，這個社會應該會變得相當容易生存。

但在養兒育女的情況，如果孩子口頭請託的話，我認為即使是孩子可以自力完成的事情，接受請託也沒關係。連拜託都沒有、就協助孩子完成他可以自己做到的事情，我只能說太嬌生慣養。因為拜託父母而得到協助的孩子，會感受到那種喜悅；在某種機會下孩子受到別人請託，感受到請託能被接受是一件開心事，應該就會想要主動幫忙。希望透過這樣的經驗，讓他們知道付出那一方的快樂。

對於放任幼兒不管的國家感到生氣

問題66

我無法讓孩子去讀幼兒園。因為我和父母分開住，住處附近沒有可以幫忙照顧孩子的人，因此感到困擾。沒有人可以協助時，坦白說我無法做到一邊養兒育女、一邊外出工作。

我對於放任待機兒童*不管的國家，感到相當生氣。把錢都用在銀髮族，這樣的作法對嗎？

——（30歲世代，女性）

私怨與公怒不同

當年我要讓孩子進入幼兒園時，也是費了一番工夫。假如當年沒辦法送去就讀的話，我應該很難兼顧工作。因為我知道這樣的現實狀況，所以我對於目前明明有這麼多的父母感到困擾，但國家卻提不出適當的對策，感到失望、憤怒。

在個人之間使用憤怒這種感情，是不成熟的溝通方式。如果是奇怪的政治事情，則必須徹底地追究、為求改善而奮戰。

如果對社會問題感到憤怒，那種憤怒情緒有別於個人之間突發性的私人憤怒（私怨）。對於社會矛盾及不公的憤怒（公怒）是超越私人利益，根基於理論的冷靜。在這層意義上，我完全可以理解妳無法不對國家政策感到憤怒的說法。

我只有一點要進行反駁：將錢用在銀髮族是否恰當這一點，和待機兒童問題是兩回事。建立一個不論是銀髮族或小孩，都可以安心生活的社會是重要的事情，絕對不能讓孩子成為銀髮族、或是讓銀髮族成為孩子的犧牲品。

譯註：幼兒園候補生。

妻子瞧不起我

問題67

我們夫妻都在工作，在沒有太多時間的情況之下，努力地兼顧家事及養兒育女。我總是想著：「像我這樣長得帥，又會幫忙做家事、養兒育女的丈夫很少見吧！」心中充滿著想要誇獎自己的情緒。儘管如此，妻子總會挑剔一些小事，甚至說出「如果這樣，倒不如不要做」。明明我不在的話，這個家庭就無法順利運作，但是她總說一些貶低的言語，真是讓人厭煩。

——（30歲世代，男性）

關注於妻子的貢獻

我也是長時間幫忙接送孩子去幼兒園，兼顧養育兒女以及家事的人，不論何種形式，當你想要別人認同自己所做之事的時候，就會遇到瓶頸。

更何況，沒被認同，反而被否定，馬上就會失去繼續做下去的動力。

首先你能做的事情是，向妻子表示希望她停止那種會讓人喪氣的說話方式。當被說「倒不如不要做」，比較聰明的做法是，不要孩子氣的吵架。例如，反駁說那就不要做任何家事。因為你不可能放棄養兒育女。

在雙方都要工作的情況之下，不是只有你努力做家事、養兒育女。你必須意識到妻子也很努力。**即使她不認同你，你也可以感謝她在養兒育女及家事方面的貢獻。**

你可以說一些「謝謝」或「得救了」等言語，當對方被那樣說時，就會感受到自己的貢獻。當她知道被人認同是令人高興的事情，或許她也會向你說聲「謝謝」或「得救了」，或許她還是不會那樣做。

最重要的是，即使你沒有被那樣說，只要你自己能有貢獻感就好。

提不起勁的孩子

問題68

我是一個孩子已經上高中的母親。明明他知道要念書、嘴巴也喊著要「念書」，但總是玩著手機，完全提不起勁念書的樣子。身為母親的我可以做些什麼呢？

——（40歲世代，女性）

不可以提起勁

很遺憾地，父母無法做什麼。如果不念書是事實的話，表示他沒有真正理解到必須念書的理由。即使嘴上說要念書，但言語與行動出現矛盾時，會以行動優先。至少想要玩手機時，應該是做出認為對自己而言，比起念書，玩手機會更有幫助。

所謂「提不起勁」，也不是事實。因為不可以提起勁，所以不起勁。如果提起勁，就必須念書；如果已經很努力念書，卻拿不到好成績的話，肯定被父母責備，既然都會變成那樣的話，乾脆從一開始就不要用功。孩子會認為只要不念書，即使成績不好，也會被諒解。

實際上，父母總說著，「你的頭腦很好，只要用功點，都可以拿到好成績。」於是，孩子就**選擇不進行實際的努力，而是在可能性中存活**。在此情況下，孩子會對自己說，因為每天花很長的時間玩手機，所以沒辦法念書。

在這種時候，不論孩子唸不念書，父母都只能靜觀其變。如果不管如何都想跟孩子說點什麼的話，至少不要問：「有沒有什麼是父母能做的？」父母不可能代替孩子念書，所以最好一開始不要問這種問題。如果變成被孩子拜託了不可能做到的事情、而回答「無法做到」，或許會被說「既然如此，一開始就不要問」。

有些事情只能由孩子靠自己的力量解決，那是誰都無法代替其完成的，就現在這個案例而言，孩子必須知道如果不念書的話，結果會落在自己身上。

一般而言，如果考慮到**「那個結果最終會落到身上嗎？」或是「最終那個責任必須由誰承擔呢？」，就會知道那是屬於「誰的課題」**。當如此思考時，就會明白唸不念書這件事不是父母的課題，而是孩子的課題。

所有的人際關係問題，都是因為干涉別人的課題或是被干涉而引起。孩子念書這件事也是一樣。父母最好不要插手或插嘴屬於孩子課題的念書議題。

不論對誰而言，瞭解到人生艱辛這件事是相當重要的。因此，父母什麼都不做，反而對孩子是好的。正所謂，「欲速則不達」。

成長過程中，沒被父母誇獎過

問題69

我從孩童時代開始，一次都沒有被母親褒獎過，總是被說「妳是笨蛋」之類的話，所以我無法肯定自己。雖然我想以讚揚的方式養育自己的孩子，但是除了讚揚以外，還有其他有效的說話方式嗎？

——（30歲世代，女性）

懷抱著貢獻感的協助

有很多人認為自己一點價值都沒有、不喜歡自己。因為沒有被母親讚揚、總是被說些否定的話語，所以無法自我肯定，但事實上，沒有這回事。

的確，老被說些否定的話，或許漸漸地會不喜歡自己，但是，就算成長過程是這樣，也不代表一定會不喜歡自己。在成長過程中應該沒有人只接觸到父母，在父母之外的大人及朋友關係中，應該能找到自己的價值、進而喜歡自己。

因為父母的言語表達而無法喜歡自己的人，是自己想要那樣認為，他是為了某個目的，而下定決心不要喜歡自己。那個目的就是不要與人有所關聯。與人有所關聯之後，無可避免地會遇到被背叛、被討厭，或被憎恨等情況。但是他會認為，如果要經歷那些事情的話，倒不如跟任何人都沒有瓜葛，將原因歸咎於從孩童時代開始父母對自己的評價、言語表達，而讓自己無法喜歡自己。

只要給予自己低評價、不喜歡自己，至少不會積極地想要與人有所關聯。實際上，只要不與人有所關聯，確實不會遭遇討厭的事情。

但是，如同先前我已經多次提及的，**生存的喜悅與幸福，只能藉由人與人的關係獲得**。結了婚，應該會認為只要和這個人共度人生，必定可以過著幸福的人生；第一次在這世界上與自己的孩子見面時，應該會感受到誕生的喜悅、認為今後可以建立一個美滿的家庭。

儘管如此，不知不覺間，兩人的心出現了距離；孩子也是，在進入青春期之後，只會反抗父母。當妳注意到不該是這種情況時，不禁認為已無力回天、無法改變這樣的現實。

雖然人際關係也是各種煩惱及痛苦的來源，但是生存的喜悅、快樂及幸福，也只能藉由與他人互動才能獲得，希望妳可以想辦法具備參與人際關係的勇氣。

阿德勒表示，**只有當你認為自己有價值時，才能具備參與人際關係的勇氣。認為自己沒有價值、無法喜歡自己，不是父母的錯。**妳是為了不要參與人際關係，所以才下定決心不要喜歡自己，這點妳必須明白。

那麼，**什麼時候會認為自己有價值呢？當感覺到自己有所貢獻的時候。**為了這樣想，必須親身體驗即使不特別做些什麼，自己存在著這件事本身，對他人而言就是一種喜悅，光是這樣就已經對他人有所貢獻。

雖然也有人認為，無法以那種方式感受自己，但是喜歡家人、朋友這件事，是沒有理由的吧！那個人「是」那個人，就代表了一切，對自己而言能一起生活著就是喜悅，而自己的家人及朋友，就是藉由帶來喜悅而做出貢獻。沒有道理不能以相同的方式來思考自己。單單自己「是」自己這件事，對某人而言已經是個喜悅，在這個意義上就已經做出貢獻。

藉由向別人傳達出那個人有所貢獻的訊息，希望能協助他具備參與人際關係的勇

氣。為此你要說的話是，「謝謝」、「幸虧有您的幫忙」。

有別於為了操控別人而使用的褒獎語言，「謝謝」及「幸虧有您的幫忙」是為了協助其具備貢獻感。只要有貢獻感，就認為自己有價值，具備參與人際關係的勇氣。在阿德勒心理學中，將這種幫助具備勇氣的行為稱為：「給予人勇氣。」最終，即使沒有從任何人那裡得到任何的言語，也可以具有貢獻感。

「不知不覺」情緒化

問題70

我在每天的養兒育女中，不知不覺會感到焦躁而情緒化，會產生想要控制孩子的心情。那個時候，我該怎麼做才好呢？

——（30歲世代，女性）

採取不需要憤怒的溝通方式

前文也有一位口頭禪是「不知不覺」的提問者，實際上妳不是「不知不覺」，是妳自己決定要變得情緒化。妳的目的在於「控制」。簡單來說，就是希望對方照著自己的想法去做。這件事不僅發生在養兒育女，還會發生在所有的人際關係裡。

當妳出現憤怒的情緒時，想要壓制情緒並不簡單。妳必須脫離「控制」憤怒的想法，要變得自由。所謂壓制憤怒情緒的控制行為，是以出現憤怒的情緒為前提，但是妳原本就不需要使用憤怒的情緒。只要學會代替的溝通方式，就不需要憤怒，因此就不需要「壓制」原本就不存在的憤怒。

代替以言語拜託對方要做、不要做的事情，只要這樣做就可以了。所謂拜託是為對方保留說「不要」空間的說話方式。**相較於以命令句表示，而讓對方無法說「不」，如果以疑問句「你可以幫忙嗎？」，或假設句「如果你可以幫忙的話，我會很高興！」、「如果你可以幫忙，我就得救了。」表達，對方的反抗就會比較少。**理所當然地，對方也可能不會照著這裡的規劃行動。在那種時候，妳變得情緒化而下命令時，對方也會情緒化地反抗。

當然，就算妳是拜託，對方也不一定要聽從，即使試著生氣也不會聽從。如果能聽從請託，到底只是對方的好意而已。如果被拒絕了，就只能自己做了。儘管如此，假如對方認為聽從妳的請託是理所當然的，則會生氣。

極端的個性

問題71

我丈夫的個性極端，曖昧不明，又討厭半途而廢。他對孩子也要求盡善盡美，所以孩子無法做到完美的時候，他就會非常嚴厲地斥責。即便如此，孩子還是非常喜歡父親，所以拚命地忍耐、努力。當我對這樣的丈夫表示意見時，就會變成大吵的場面。我覺得這對孩子來說，是一件悲傷的事情，所以我無法不說。雖然我現在已經放棄了，但還是覺得孩子好可憐。

——（40歲世代，女性）

不要干涉孩子的課題

妳無法介入丈夫與孩子的關係。如果認為父親的考量有錯，孩子可以自己反駁就好，因此，妳不需要就丈夫對待孩子的方式發表意見，也不能發表意見。

雖然可以詢問孩子有沒有什麼是妳可以做的，但是，孩子若說「希望母親可以跟父親說，請他不要怒斥」，妳也會困擾吧！如果連那種事情都無法自己跟父母表達的話，則只能任由自己繼續承擔無法說出口的責任。總之，今後也會被斥責。

或許孩子會藉由父母因為自己而爭吵，認為自己成為關注焦點而暗自竊喜。假如是這樣的話，妳還是不要插嘴比較好。

想想，丈夫應該也是希望與孩子有良好的互動關係。假設可以說些「繼續像現在這樣要求完美、光只是斥責，你認為會變成怎樣呢」之類的話就好，如果夫婦關係不佳，則會聽不下去吧！妳可以做的不是守護孩子，而是重築良好的夫妻關係。

老是擔心已成年的孩子

問題72

我無法不擔心孩子。雖然孩子都已經成年了。

——（50歲世代，女性）

藉由擔心而依賴

父母總是難以忘記孩子還小的模樣，即使孩子已經成年了，父母在心情上，總認為孩子依舊是小孩子。因此事到如今，孩子必須自立自強，甚至是孩子可以自己做到的事情，父母還是會想插手、插嘴。

雖然認同孩子應該要甩開父母的多管閒事，但作為父母也必須知道，即使多麼擔心，也無法對孩子的人生產生些微的影響。如果和孩子分開住的很遠，影響不了那是理所當然，即使住在一起，道理也相同。

即使父母擔心，孩子也不一定會為此感到高興。反而會覺得麻煩。招惹了麻煩，與孩子的關係也不會良好，如果親子關係不好的話，即使是已經長大成人的孩子，今後若真的必須幫助孩子，就會陷入孩子拒絕父母協助的狀況。父母要做到在孩子真正有需要的時候才伸出援手，至於平常，重要的是停止擔心孩子、不要過度囉唆。

只要妳還擔心孩子，就代表妳是依賴著孩子而生存。只有依賴擔心孩子這個方法，才能找到自己的生存證據。依賴誰或什麼，這件事情本身就是一個問題。雖然人們必須依賴些什麼才能得以生存，但是為此而必須做的，至少是將占據心靈的對象，由孩子轉移到其他事情上面。

我建議可以做些工作或發展興趣。即使只是在工作期間能忘記孩子的這些那些事情，都比整天擔心輕鬆許多。

最終，妳應該可以注意到不會經常想著孩子的自己。如果因為父母擔心，而能預防孩子捲入某些危險狀況的話，這樣的擔心也有其意義存在，但實際上，即使父母多麼擔心，也無法改變孩子的人生。

更進一步地說，擔心孩子之餘，父母也有辦不到的事情吧！總是思念著男朋友或女朋友的情侶，有時會沉溺（他們會這麼說吧）於戀愛之中，甚至連工作都無法進行。擔心孩子的父母也是，其實孩子沒有什麼不安的因素，但是父母本身想要逃避其他必須致力進行的人生課題。如同煩惱自己的人，藉由擔心孩子的舉動，而不決定其他明明早就必須要決定的事情。

只要活著就好

問題73

對孩子只要活著就好的想法，也可以成為對他人的期待嗎？

——（20歲世代，女性）

對活著這件事感到喜悅

如果是對孩子的期望，這是可容許的最低限度期待，或者說是希望。當我在照顧生病的父母時，我待在每天逐步接近死亡的父母身邊，想著「只要活著就好」。但是，我必須要面對即使如何祈願，也會有無法實現的現實狀況。

如果是生氣勃勃的孩子，並不需要思考這種事情，但是妳必須注意，不要讓「只要」活著就好的想法過度膨脹。當妳在不知不覺間變得希望孩子和其他孩子們一樣，或是甚至超越他們，妳在不知不覺間描繪出孩子的理想樣貌時，只能以從理想樣貌開始減分的方式，看待現實中的孩子。

如果能對孩子活著這件事感到喜悅，不論發生任何事情，妳都能接受吧！

第9章

家族的沸沸揚揚

如何與愛擔心的母親相處？

問題74

我因為母親愛擔心而感到困擾。我很感恩她的擔心，也很感謝。但是，總發生她過度擔心的狀況，很難纏。在那種時候，我會忍不住說些嚴厲的話。我該怎麼對應才好呢？

——（30歲世代，女性）

宣告已經獨立

父母擔心孩子的行為絕對是父母的善意，但對孩子來說，最受不了父母擔心過度。不論孩子幾歲了，父母還是當做小孩子對待。原本必須由孩子自行負責的事情，過度擔心的父母會理所當然地插嘴。最終必須由孩子自行承擔、最終結果會落到孩子身上的事情，都是孩子的課題。**人際關係的問題，都是因為干涉別人的課題或是被干涉而引起。親子關係也不例外。**

我兒子還在念小學的時候，每天都會把鑰匙掛在脖子上去學校。因為兒子回家時，我們都因為工作不在家。某一天早上，我看見兒子脖子上沒有掛鑰匙。我想，要是我不出聲提醒的話，他回家就會因為進不了家門而困擾吧！

「今天看起來好像沒有帶鑰匙，沒關係嗎？」

我這樣問他。兒子聽到後回答。

「爸爸，沒關係，不用擔心那件事。」

事後我才知道，雖然他沒有帶鑰匙，但為了預防那種時刻發生，他在雙肩書包的下層藏了備用鑰匙。如果總是不斷地提醒有沒有帶鑰匙，孩子就無法獨立。

回到問題，妳的母親認為妳還無法獨立。當然，實際上妳應該已經可以獨立了，但父母親會藉由孩子無法獨立，所以我必須插嘴孩子的課題，讓孩子處於自己的控制之下。

我想，對於提出反駁的妳，母親一定會說「我是為了妳著想才這樣說的」之類的，對於那樣的介入及干涉，妳只能明確地拒絕，「您不用擔心」。

但是，**在拒絕父母干涉時，不用「嚴厲話語」回答。只要平穩地說「沒關係」就好。更進一步地，如果可以說的話，試著說聲「謝謝您的擔心」吧！**或許，妳會認為說了這些話之後，父母終究還是會干涉，但是實際上沒有這回事。

有可能從現在開始修復關係嗎？

問題75

母親（我）和未順利建立依依不捨情感、就已經長大成人的女兒（三十歲），有可能修復關係嗎？我們的關係只剩憤怒而已。即使是從現在開始努力，我又該怎麼做，才能修復關係呢？

——（50歲世代，女性）

可以從現在開始改變關係

過去是何種親子關係與現在之後的關係如何發展，毫無關聯。即便過去關係不佳，也可以從現在開始讓關係變好。但是，妳必須下定決心，一定要建立與現今完全不同的關係。

雖然我不清楚發生了什麼事情，導致你們「只剩憤怒」，但首先希望妳明白，孩子不是為了滿足父母的期待而存在。**即使孩子過著妳怎麼看都不順眼的生活，也不能干涉。**孩子還小的時候，父母必須保護孩子，但現在妳不必做任何事情。雖然可以說些「如果有我可以做的事情，要跟我說喔」之類的言語，除此之外也不能說什麼。如果無論如何都要插手，是因為妳不相信孩子的能力。只要不干涉孩子，即使只有這樣，也能讓親子關係變成通風良好。

如果想要修復親子關係，不要認為只有「關係良好」或「不好」兩種選項，如此會比較輕鬆。總之，**只要關係接近良好即可，不一定要是理想的良好關係，關係再好的同伴，有時也會吵架。**只要關係接近良好，就算一時不愉快，應該也可以重修舊好。只要不是連在同一個空間、呼吸相同空氣都感到厭惡，就是良好關係。

如果連自己被說了，都會生氣的事情，則不可以說。這樣程度的事情，應該沒那麼難。就算是親子，也不是什麼都可以說。**不是因為關係親近，所以說話就不客氣，正是因為親近，才更要多加留意對方心裡會怎麼思考自己所說的話。**不用揣測孩子怎麼想，是一個理想。雖然有時也會說了孩子會討厭的話，那就從避免變成那種狀況、有意識地說話開始努力吧！

愛管閒事的婆婆之一

問題76

我有一個愛管閒事、喜歡下命令的婆婆。她會插手家事、總是說些，「因為碗盤已經堆積如山，所以我幫忙洗好了。」雖然拜託幫忙照顧孩子，她沒有多說什麼，但是我已漸漸感到厭煩了。

——（40歲世代，女性）

不正常的認同渴望

如同孩子會藉由惡作劇被罵，以獲得父母的關注，有人會藉由像是讓別人困擾、讓人感到不舒服等方式，讓別人認同自己做的事情。或許，妳婆婆不知道自己會讓妳不舒服，因為自己做的事情沒有獲得別人承認就會提不起勁，所以才會故意說出「我幫忙洗好了」。藉由引出妳的感謝言語而要控制妳。**她想表達的是「即便我沒有特地指出，請妳先注意到，並對我說些感謝的話」**。

有人說，不論是誰都會有認同渴望，從這個案例可以清楚看出，希望被承認的態度，會造成周遭人的困擾。希望被承認的人，只關心是否獲得別人的認同，而不是自己的行為能不能幫助到他人。

協助具備貢獻感

對於這種想要被特別認可的人，不是要滿足他的認同渴望，而是要協助他具備貢獻感，這才是重點。因此，只要不對「我幫忙洗好了」這種強迫命令的言語，做出回應即可。不論動機為何，幫忙洗碗本身的確是協助，所以可以對這件事表示「謝謝」。相信妳已經瞭解，如同我多次傳授過的技巧，**藉由關注相同行為的恰當面向，進而能忽視該行為的不恰當面向**。現在這個情況，不要關注「我幫忙洗好了」，不論動機為何，因為幫忙洗碗值得感恩，所以關注獲得幫忙這一點。

不論家庭或是職場，任誰都希望能感受到「即使我身處於此也可以」。但是無法如此感受的人，即使讓周遭的人感到困擾，也要獲得歸屬感。那樣的人只要不是位處於共同體的中心位置，就會提不起勁。確實，任誰都想要歸屬於某個共同體，但這件事與位處於共同體的中心位置，根本是不同的問題。

於是，雖然一開始會做些建設性的事情，讓自己進入共同體的中心位置，但是如此做還是進不了中心位置、得不到期望中的關注時，就會出現問題行為。因為被褒揚方式養育長大的人，會希望藉由自己所做之事而獲得認同，如果對方沒注意到，就會不惜做些讓人討厭的事情以獲得認同。

在家庭中，可以對這樣的人說聲「謝謝」、「得救了」。恐怕當妳拜託對方照顧孩子時，就算沒有認為幫忙照顧是理所當然，或許也沒有傳達出充分的感謝之意。**現在無法改變過去的事情，所以從現在開始，當婆婆幫忙做家事時，試著說出「謝謝」。**

可是妳這樣做時，不可以「別有用心」。雖然妳是要讓婆婆感受到貢獻感，但目的不是要藉由「謝謝」這件事，改變婆婆的行動。

更進一步地說，不是對做了什麼，而是可以對所謂「存在」這件事表示「謝謝」。例如：「有媽媽在，真是得救了！」即使不做什麼，都能認為自己有價值的話，希望被特別關注到自己所做的事情的認同渴望，終有一天會消失。

除此之外，妳應該要以言語明確地表達出，現在與以前的情況不同。的確，以前拜託照顧孩子時，相當感謝能獲得父母的幫忙，但是現在已經不像當時那麼需要幫忙了，應該要如此地說明。

站在婆婆角度來看，明明是為了妳好才做，但好像變成自己所做的事都被否定，所以才會出現糾紛吧！即使吞下自己想講的話並忍耐著，與婆婆的關係也不會變好。

愛管閒事的婆婆之二

問題77

婆婆常用宅配寄送手做料理。雖然可以放在冷凍庫保存著，但總有吃不完的庫存量。在我第一個孩子的產假剛結束、我與丈夫都要上班的時候，我們確實非常感謝，但是現在第二個孩子出生了、我辭掉了工作，做菜成了我轉換心情的方式，所以婆婆的「親切」，就變成一種沉重的負擔。

——（30歲世代，女性）

度過暫時的艱苦

本題與前文的案例相同，只能明確地說：「希望可以不要再寄送了。」當然，婆婆可能會想「明明是專程好意做的」，而覺得自己被否定，所以這個時候，恐怕也無可避免會產生暫時性的摩擦。但是，**比起什麼都不說，今後一直承受著困擾、忍耐著，更有希望的作法是，度過暫時性的艱難**。

因為對妳來說，現在做菜是轉換心情的方式，而婆婆的「親切」變成妳沉重的負擔，所以妳務必要傳達相關的訊息。

可以想像，婆婆會寄送親手做的料理，是希望讓兒子（你的丈夫）享用。如果是這樣的話，就把婆婆寄來的料理端給丈夫，當丈夫已經不想再吃時，就可以由丈夫出面向婆婆婉拒。

很難過沒被父母的疼愛

問題78

年邁的母親深信她以平等的愛對待我和弟弟。但是事實上，她給弟弟的愛比較多。由於這不是現在才開始的情況，所以也沒辦法改變。但得不到母親的愛，我還是感到很寂寞。雖然我也自問自答地想，都已經一把年紀了，怎麼還拘泥於這些事是怎樣？但是我又該怎麼想才好呢？

——（50歲世代，女性）

妳要先愛母親

就父母角度來看，不論哪個孩子都是自己的孩子，所以自認為都是給予相同的愛。至少是想要給予相同的愛，很少會有父母公開聲明，喜歡兄弟姐妹中的哪位勝過於另外哪位吧！

儘管如此，即使同樣是孩子，再怎麼說都會有「性情相投」的事實，所以可能會有氣味相合的孩子，以及氣味不合的孩子。

再者，如果孩子與自己的家中排行（長子（女）、次子（女）、老么、獨生子（女））相同，則會比較容易理解，比較難以理解排行不同的孩子的想法。有案例顯示，在家中都是姐妹成長的人，是完全無法理解男孩子的想法。

另一方面，從孩子的立場來看，會認為其他的兄弟姐妹比自己受寵。在這種情況下，如果父母很明顯偏愛的話，只能明確向父母表示，希望得到平等的對待。那樣說的話，或許可以聽到父母方面的辯解，或許聽了之後，就會知道以為沒有像弟弟那樣被疼愛的想法是錯的。雖然父母應該費盡心力疼愛孩子，只是疼愛的方法不夠熟練。

在這個世界上，無法強迫別人做的事情有兩樣。其中一樣，是第五章已經說明過的「尊敬」。即使試著說「請尊敬我」，如果不是值得尊敬的人，任誰也都不想尊敬。

另外一個就是愛。**即使試著說「請愛我」，如果不是值得愛的人，應該不會被愛。因此，如果想要獲得父母的疼愛，只能成為一個會讓父母想要疼愛的人。**

不論父母或是其他人，妳都無法決定別人要不要疼愛妳。這就意味著，愛無法被強迫。即使試著努力獲得別人的愛，不代表就一定會被愛。

妳可以做的事情有兩樣。那就是（妳）愛父母。若是這個，妳是可以做到的。即使妳愛父母，也無法知道父母會不會回應妳的愛。可是，只要父母不愛我、我就不愛他們，這樣的想法很奇怪。

另外一樣是，不要期望得到父母的疼愛。妳不可能永遠依賴父母。有一天，妳必定要脫離父母而獨立。如果沒有得到父母的疼愛，也可以說是獨立的機會。

多年未曾與父母見面

問題79

父親完全無法理解我的生活方式，他打電話來說：「不用回家也沒關係。」之後，我已經很長一段時間沒有回老家了，甚至音訊全無。他們似乎是無法容許我不打算結婚，只是專心工作。今後，我該怎麼與父親相處呢？

——（40歲世代，女性）

妳掌握著人際關係的門卡

雖然關係到妳想怎麼做，但當我想像父母的立場時，我認為在不理解孩子的生活方式下，確實會說出「不用回家也沒關係」，可是，應該不可能把妳從心中刪除，想必他已經感到後悔。

實際上，也有可能直到現在，父母仍在生氣。但是，沒有人會有體力可以一直持續生氣下去。**為了讓親子關係有所改變，只能由其中一方採取行動**。雖然不知道會如何發展，如果想要在膠著狀態引起風波的話，也不是無法可行。只要打電話就好。或許，父親一知道是孩子打來的電話就會掛斷，但值得打電話一試。

如果不方便打電話，可以寄信。即使信寄了不讀，但是只要拚命寄，或許某一天就會被閱讀。有一點我希望妳知道，父母不會永遠年輕。就算父母拒絕，即使不能見面也要採取一些行動。萬一與父母永別，應該可以減少妳後悔的程度。

我本身和父親的關係長期不佳。到了晚年，雖然關係稍微修復，但是我開始照顧父親之後，過去的事情也成為暫時性地造成隔閡。有一天，父親說。「已經忘記的事情就沒辦法了。但是如果可以的話，希望我們從頭開始。」

看著說這些話的父親，我領悟了。繼續拘泥於過往的事情也沒有意義，重要的是，與父親現在以及未來的生活，父親說了這些話。一瞬間彷彿雲開霧散去。雖然我與再度進入濃霧的父親共同生活的日子沒有持續很久，但是至今我仍認為，幸好在這一天就下定決心擺脫過往。

第10章

老年的倉皇失措

對退休生活感到不安

問題80

我預計一年之後退休。雖然現在模模糊糊地思考著，之後要如何生活才好？但是一想到不用工作的度過每一天，就會打起冷顫。

——（60歲世代，男性）

即使變成無法做某些事，也無損你的價值

阿德勒表示，**認為自己變成不被需要的老人，會成為完全無法拒絕孩子的慈祥老人，或是發牢騷的批判家。**

為了不要變成那種人，所以「不建議六七、八十歲的老人，連工作都停止」。

如果在阿德勒的時代，這樣的發言或許聽起來新鮮，在今日社會似乎是理所當然。

我父親在五十五歲退休。在那之後父親繼續工作了十年，因為我知道父親早已超過退休年齡，所以對於一般都在五十五歲退休感到驚訝。

現今已經變成可以繼續工作的情況，儘管如此，某個時間點，第一線必須退下的情況仍舊沒有改變。那個時候，有些人會感覺體力衰弱，也有些人雖然沒有生病、依舊生氣勃勃，卻開始感覺到智力衰退。

老年的問題不僅僅只有體力或智力的衰退而已。對於長時間工作的人們，至今仍認為可以工作這一點，是做為評價的決定性基準。對於將職場中的上下屬關係，視為人際關係中的上下階層組織的人而言，解除職務等同於被宣告自己不具價值。具有這種想法的人在退休之後，會每天生活在失意裡。

對於人類來說，感受到自己歸屬於某個共同體是基本需求，所以離開占了生活大半時光的職場，會讓很多人感到不安。已經不需要再前往職場的時刻，就成為人生的巨大危機。

當然，也有些人會享受退休後悠閒自在的生活，但因為離開工作時都已經不年輕了，所以就算沒有罹患重大的疾病，對健康方面沒有自信的話，就會意識到自己能力的極限。

為此，不要哀嘆逝去的青春，但為了度過老年危機，必須以某些形式對周遭的人做出貢獻。於是，為了讓自己還可以做出貢獻，雖然無法改變已經不再年輕的事實，**即使沒辦法這個那個都做，也不代表自己沒有價值**。

因為不再年輕了，即使拚命讓周遭的人知道，自己可以做年輕人在做的事情、完全沒有衰退，也沒有用。在你證明某些事情的時候，就已經太過頭了。

即使沒辦法做到什麼特別的事，即使已經沒辦法做到年輕可做的事，也絲毫無減自己的價值。為了這麼思考，重點在於年輕時就開始養成的性情。就是不在可以做些什麼的地方尋找自己的價值。雖然年輕的時候，只要真心想做什麼就可以達成，但是不要在可以達成什麼的這件事中，找出自己的價值。

不要在可以達成什麼的這件事中，找出自己的價值，要認為自己存在這件事，本身正是價值所在，並在此基礎上想要做些可以做到的事情。我長年都在創作寫書，今後也想持續創作。五十歲時，我因為心肌梗塞而病倒住院，主治醫生告訴我「請創作」。一般都會被說，會造成壓力請節制，但這位醫生知道我最重視的是什麼。醫生更進一步地對我說，「因為書可以留芳萬世」。我想要創作，直到無法繼續寫作為止。該決心變成一種鼓勵，我努力找回健康。你也是，請試著想想可以做些什麼。

姐妹之爭

問題81

在岳父去世之後，長年縈繞在大姨子及太太之間對彼此的牢騷、不滿，就爆發出來了，永無止盡地爭吵著。雖然她們應該有共識，要支持變成一個人、需要照顧的岳母……總之，應該有和解的方法吧？

——（30歲世代，男性）

瞭解爭吵的真正目的

很遺憾地，你無法介入姐妹關係。與你有關的，只有你與太太的關係、你與大姨子的關係。如果兩人吵架的事找你商量，你可以發表關於那件事的意見，如果沒有人找你商量，則什麼都不能說。

但是，僅是理解什麼都做不到的話，問題不會解決。雖然我剛才說過，你不可以介入照顧母親的姊妹之爭，但是姐妹會進行照顧母親的爭吵，看起來似乎是想要藉此將你拉進照顧之中。因此，太太才特意讓丈夫聽到。

雖然你無法介入姐妹關係，但是只限於你處於所謂的安全範圍內，**要讓兩人和解是絕望性地困難。你可以試著探詢：「有什麼是我可以做的嗎？」**

在這種情況下，所謂的「可以做些什麼」，不是解決姐妹之爭，可以做的事情是指，為了岳母，你可以做些什麼。

不聽別人意見的丈夫

問題 82

我的丈夫不聽別人的意見。他說，他要把需要照顧的母親接來我們家同住。當我說，因為我需要打工，所以無法照顧母親，他就破口大罵說：「媳婦照顧婆婆是理所當然的事！」完全無法討論。

——（50歲世代，女性）

找出好的用意

有些人不會想要知道自己與他人的想法不同。當別人不照著自己的期望而動作時，那種人就會不高興、表現出高壓的態度。即使可以理解自己不是為了滿足他人的期望而存在，卻無法理解他人不是為了滿足自己的期待而存在。或者應該說是不想理解吧！

即使試著和這種人爭論，也是毫無意義。雖然我認為「媳婦照顧婆婆是理所當然」是謬論，但是，首先我必須試著詢問，為什麼會那樣認為呢？如果從一開始就反對的話，很可能火上加油。

至少，他不是說不要照顧母親。當然，他不是打算自己親自照顧母親，而是企圖強迫妻子這點，是一個問題。

因此，一開始先不要關注他企圖強迫，希望妳可以說：「你是惦記著年邁的母親吧？」或者：「你認為母親很重要吧？」之類的話語，而且實際上，那是事實。**關於無法贊成的事情，可以試著說：「你是這樣想的吧？」理解、企圖要理解與贊成，都是不同的問題。**有能理解，但是無法贊成的情況。一開始就不聽他說話，也無法改善與丈夫的關係。

在充分採納對方的想法之後，接著整理問題點。例如，母親要住在哪個房間呢？因為需要過活，所以難以為了照顧母親，而辭掉工作。提出替代方案也很重要，也可以提案使用照顧服務。

其實在照顧父母這類大問題發生之前，如果能在一些小事意見相左時，學會調整想法的方式就好了。雖然夫妻之間，會意見不同是理所當然，但在那個時刻，不要變得情緒化；此外，不要進行想要證明哪方才是正確的無意義爭論，而是有建設性地討論。即使從現在開始，也是可以做些什麼。

人在破口大罵時，是無法對話的。**知道自己這一方處於劣勢的人，會藉由破口大罵，讓別人認同自己的想法。在那種時候，進行討論不是一個上上策。**雖然做好討論的準備，但是也不想在破口大罵的時候溝通吧？只要還在破口大罵，就無法進行討論。

我應該繼承家業嗎？

問題83

父母繼承了祖父的家族事業。儘管我因此感到愧疚，但是我有其他想做的事情，所以繼續留在某家企業上班。雖然表面上父母說「沒辦法讓半個外人的你繼承」，但是當我看到他們漸趨老邁的身影，就會焦躁地想，或許是時候該辭職回家幫忙父母了……但是，妻子看來不想放下平穩安定的工作。我應該留在公司呢？還是應該辭職呢？

——（30歲世代，男性）

只能由你決定

我只能說，只有你才可以決定。雖然你相當清楚自己身處的立場，但是你的問題是，想要斟酌父親的意圖及妻子的意圖之後，再決定自己今後的走向。

即使父母因為無人繼承家族事業而感到悲傷，但也只能由他們自行排解。恐怕就如同你的感覺，父親應該希望你繼承家業吧！假設是這樣的話，他應該要清楚地說「希望你繼承」。

但是，即使被父親要求，你若還有其他想做的事情，以想做的事為優先也沒關係。萬一日後後悔了，那才真的會讓父母傷心。

即使有其他想做的事情而不繼承家業，日後也可以改變想法。而在這種情況時，因為重要的是對於家族事業本身是否有興趣，所以不必考慮到父母以及妻子的意圖。就算要繼承家業，也必須親自理解工作的價值再繼承。

與公婆同住

問題84

我是住在公婆建議兩代同堂住宅的家庭主婦。可能是因為兩歲的孫子很可愛吧？最近只要一談話，公婆每每都會提到這個話題。因為公婆會出相關的費用，所以就一般社會觀點來看，兩代同堂不是一件不好的事情。反倒會認為在金錢方面得天獨厚，但是與陌生人比鄰而居，真是讓人極度難受。我怎麼做可以巧妙地拒絕呢？

——（30歲世代，女性）

無法避免摩擦

沒辦法「巧妙地」拒絕。雖然居住方面可以得到父母的幫忙，確實是令人感謝的事情，但是住的是兩代同堂住宅，一旦接受了父母的幫忙，幾乎等同住在一起，假如會因此失去自由的話，就無法說是一個好主意吧！

如果拒絕的話，無法避免情緒面的摩擦。而且拒絕不光只是經濟面的問題而已。今後孩子漸漸長大時，應該會出現必須請父母幫忙的情況，在那個時候，如果父母住在附近的話，確實比較容易，如果拒絕住在一起，以後請他們幫忙也很困難。至少，希望現在馬上過來幫忙這部分，不住在附近的話，就會造成困擾。

因此，必須深思熟慮之後，決定是要根據接受實質上住在一起這件事，獲取可以得到關於孩子養育方面協助的優點，或是即使有缺點，也要拒絕父母干涉、選擇自由的生活方式。

我可以理解公婆覺得孫子很可愛的心情。雖然我認為若是如此的話，只要經常來拜訪就好了，但是恐怕公婆期望的，不僅只是住在可愛孫子附近而已，背後應該隱含著，對於將來或許會出現，像是：難以出門去看孫子、需要被照顧等情況的預感及恐懼。或許，早晚也都必須考慮到父母進入需要被照顧的情況。

還有一點應該要列入考慮，就算接受來自父母的金錢援助，也無損於親子的平等關係。

當孩子想要不照著父母的期待方式，走出人生道路時，如果是在學生時代，父母或許會說：「直到你可以自己賺錢過活為止，我都不會允許！」來壓制孩子。雖然父母不認為可以為孩子的人生負責，但父母可以藉著經濟的優勢地位，而仗勢欺人，妨礙孩子活出自己的人生。

但是，**經濟優勢這個事實，並不意味著父母處於更高的地位**。即使在夫妻之間，至今為止仍有許多男性誤以為養活妻子，就代表自己處於優勢。在外工作賺錢這件事，只是家庭中的一個角色而已。雖然我從年輕時候開始，就沒有處於經濟優勢地位，但是我未曾因此而自認不如別人。

因為經濟因素與平等地位沒有關係，目前的這個情況也是，應該要主張的事情就主張即可，就算因此被停止援助，我認為也應該以自由為優先。妳也必須試著與在問題中未曾出現的丈夫，一起仔細考慮最重要的到底是什麼。

控制型祖父與孫子的關係

問題85

我的公公是控制型的那種人，因此，他無法容許孩子（就公公的立場而言是孫子）反駁。我無法喜歡公公。連跟他相處，都覺得痛苦。

——（四十歲世代，女性）

等待孩子的成長

雖然我認為媳婦不需要喜歡公公，但是連相處都會痛苦就很嚴重了，所以妳值得努力改善關係，直到不會那麼痛苦的程度。

首先，妳可以做的是，**將自己做不到的事情，就切割為做不到**。雖然這是我已經重複了許多次的技巧，但請回想起人際關係的「三角形」。妳沒辦法為妳公公與孩子的關係做任何事情。只能由兩人設法努力，原則上妳無法進入兩人的關係。

雖然妳可以對孩子傳達出，「如果有什麼可以做的，希望能告訴我」的訊息，但目前的情況看來，是你的孩子感到困擾，而不是妳，所以妳無能為力。

假設有妳可以做的事情，就是當作訊息傳遞者，將孩子的想法傳達給公公，如果討厭公公反駁的話，必須由妳的孩子自己表示，「不容許反駁，是一件很奇怪的事情」。

某次，我的兒子玩電視遊戲時，我父親想起要打電話給朋友，於是他在沒打聲招呼的情況下，突然將電視音量調小聲。兒子對這件事感到很憤慨，直到幾天後我的父親回到家了，兒子都沒有和他說過任何一句話。

雖然我不希望是這樣的對應狀況，但我父親應該有注意到孫子都不說話的情況。我不認為我父親會期望被孫子忽視。我想，您的父親也知道單方面的控制、不容許反駁，與孫子的關係並無任何益處吧？他終究會注意到的。

不要等待那一天的來臨，妳可以在斟酌公公的心情之後告訴他，「事實上，您想要改善與孩子的關係吧？為此可以做些什麼呢？關於這一點，我有一些想法。」在關係壞到甚至連在一起相處都覺得痛苦的現狀下，我認為應該不會不想聽吧？

沒有家教的媳婦

問題86

我媳婦只會寵孩子，完全沒有家教。即使孫子在餐廳吵鬧或是搶奪不認識孩子的玩具，她也完全沒有要警告的意思。雖然我知道這是一個討厭體罰或虐待的時代，但是惡作劇太過火的話，也需要「以眼還眼、以牙還牙」的對應吧！以前，我兒子也是讓人操心的淘氣小孩，有時我也會動手、嚴格地教訓他。

——（60歲世代，男性）

首先是拉近關係

我也不認為放任孩子不管，出現像是在餐廳吵鬧，或是搶奪不認識孩子的玩具等行為是一件好事。大人有責任要教導，不行的事情就是不行。當然，媳婦必須要教導那些事情，如果媳婦什麼都不做的話，您出面指導也行。

但是，不需要太過嚴厲。假如您孫子並不知道自己行為的意義，只要以言語清楚說明即可。

如果您以大聲說話或嚴厲的態等對待的話，孫子不會喜歡您。若是如此，即使您是在教導正確的事情，孫子也會反抗。

雖然這是很多人都會犯的錯誤，我們很容易會先用斥責方式讓關係疏遠之後，才想教導可以做的事情與不可以做的事情。但是，關係不親近的話，則無法好好地進行指導。

要不要試一次與孫子好好的談話呢？絕對不可以教訓人。當被孫子認為是可以理解他的爺爺之後，或許會對你敞開心胸說話。

無法戒酒的公公

問題87

我丈夫的母親（八十歲）去世了，公公目前獨居。雖然我們有安排照顧服務，但是不知道是不是因此成為公公的壓力來源，原本就愛喝酒的公公越發飲酒過量。除了跟他說「我很擔心」之外，我什麼都做不了吧？

——（五十歲世代，女性）

對於父母的生活方式，也有不能插嘴之事

確實，妳只能跟他說，看到他喝酒的樣子，覺得很擔心。儘管我這麼說，可是我能理解，即使知道喝酒對健康不好，但失去妻子的公公不喝不行的心情。

不論再怎麼痛苦，只能由公公自己一個人面對那種心情。相同地，也只能由妳自己解決擔心父母的心情。妳可以跟他說些，「最近酒量好像有點多，沒關係嗎？有沒有我可以幫忙的地方呢？」的話語。之後，如果公公回「沒有」的話，就跟他說，「不論何時都想要幫上忙，所以到那時，希望能告訴我。」然後就靜觀其變吧！

幾年前，我朋友生了一場大病。幸好發現得早，所以沒有發展成嚴重的大病，但是他因此辭掉工作，為了養生而長期控制飲酒。可是，最近他改變了想法。快要六十歲的他表示：「與其戒掉喜歡的酒活到八十歲，不如繼續喝酒，然後在七十歲死掉。」

當然，即使做了這樣的計劃，人生不一定會照著規劃發展。但是我可以理解，不祈求只是長命百歲，而是要喝酒、享受現有人生的心情。

如果是公公這樣的情況，雖然妳應該無法讓他不要喝酒，但是停止光只是說很擔心，若是能說「希望您好好的享受喝酒」，他反而聽得進去吧！

做過的事馬上就忘記的母親

問題88

我和失智症的母親住在一起。就連才剛做過的事情她都會忘記。不知不覺間，我變成會聲色俱厲地責備她忘記的事情。

——（五十歲世代，女性）

只要傳達事實

如果妳母親不會忘記才剛做過的事情，那麼妳的聲色俱厲，還算有意義吧！可是，如果相同的事情每次都重複的話，很明確地，聲色俱厲地責備就毫無意義。

儘管如此，因為妳無法放棄「說不定對方可以記住」的希望，所以妳依舊每天持續責備著。

可是，妳除了接受現實，別無他法。

即使媽媽會忘記，但是那件事與妳無關的話，或許妳就不會在意。例如，父母在進行巴氏量表審查時，被問到，「今天是幾月幾日呢？」或「您今年幾歲呢？」之類的問題，即使父母回答「不知道」，妳應該也不會生氣。當然，如果先前明明就能回答、如今卻答不出來，或許妳會很吃驚，可是現在他們不需要每天出門上班，只要待在家中，所以就算他們不知道今天的日期，也非不可思議之事。

若要說為什麼妳會感到焦躁、聲色俱厲呢？因為父母的遺忘也與妳有關。總之，不僅限於與父母的關係，**對於希望必定要有人認同自己行為的人來說，因為父母忘記自己對父母做過的事，就等於不被認同，所以會感到痛苦**。例如，對於準備飲食這件事，如果期待父母說聲「謝謝」，結果他們卻什麼都沒說，就會認為費時費力的辛勞似乎沒有得到回報。

我父親也會忘記他吃過飯了。才剛一收起碗盤，父親就會對我說：「還沒要吃飯嗎？」剛開始我很吃驚，感覺全身無力。如果是有強烈認同渴望的人，自己的行為無法得到父母的認同，應該很痛苦吧！在那種時候，即使生氣也不可能改變什麼，所以只能放棄，只能接受現實狀況的父母。

同時，即使是父母仍健在的時候，關於自己為父母做的事情，也要捫心自問，是否期待父母表示感謝之意。假如是那樣的話，問題就不在於父母會遺忘這件事。

不論和誰接觸，如果自己的行為沒有得到他人以感謝的形式認可，有認同渴望的人就無法得到滿足。但是，我們原本就不需要透過以獲得他人認可的方式，取得貢獻感。

於是這種時候，只要妳平常心地說聲「吃過了喔」就好。妳不需要聲色俱厲。當我只是告訴父親事實之後，父親簡單地說聲「是喔」就退回去了。雖然失智症的父母會忘記孩子說過的話，但是當妳聲色俱厲時，他們會覺得被責備了，並在某處留下這個印象。**孩子可以為父母做的是，即使他們忘記剛才做過的事情，妳也不會因此出現生氣或動搖不安等情緒，你們可以一起共度美好的時光。**

心視野　心視野系列 011

改變人生的勇氣

人生を変える勇気 - 踏み出せない時のアドラー心理学

原　　著　岸見一郎
譯　　者　黃美蓉
總 編 輯　何玉美
副總編輯　李嫈婷
主　　編　陳秀娟
封面設計　萬勝安
內文版型　葉若蒂
排　　版　菩薩蠻排版公司

出版發行　采實文化事業股份有限公司
行銷企劃　黃文慧・鍾惠鈞・陳詩婷
業務發行　林詩富・何學文・張世明・吳淑華・林坤蓉
會計行政　王雅蕙・李韶婉
法律顧問　第一國際法律事務所　余淑杏律師
電子信箱　acme@acmebook.com.tw
采實官網　http://www.acmebook.com.tw
采實文化粉絲團　http://www.facebook.com/acmebook

I S B N　978-986-94081-8-9
定　　價　320 元
初版一刷　106 年 3 月
劃撥帳號　50148859
劃撥戶名　采實文化事業股份有限公司
104 台北市中山區建國北路二段 92 號 9 樓
電話：02-2518-5198
傳真：02-2518-2098

國家圖書館出版品預行編目資料

改變人生的勇氣 / 岸見一郎著 ; 黃美蓉譯. -- 初版. -- 臺北市 : 采實文化, 民106.03
面 ;　公分.
譯自 : 人生を変える勇気 : 踏み出せない時のアドラー心理学
ISBN 978-986-94081-8-9(平裝)
1.阿德勒(Adler, Alfred, 1870-1937) 2.學術思想 3.精神分析學
175.7　105025178